Iniciação à Vivência Cristã II

Pré-catecumenato

Dados Internacionais de Catalogação na Publicação (CIP)
(Câmara Brasileira do Livro, SP, Brasil)

Pagnussat, Leandro Francisco. Iniciação à Vivência Cristã : pré-catecumenato/ Leandro Francisco Pagnussat, Maria Augusta Borges. – 1. ed. – Petrópolis, RJ: Vozes, 2013. – (Iniciação à Vivência Cristã ; v. II)

Bibliografia
ISBN 978-85-326-4564-7

1. Catequese – Igreja Católica 2. Catecumenato 3. Evangelização 4. Mistagogia 5. Ritos iniciáticos – Aspectos religiosos – Igreja Católica 6. Sacramentos – Igreja Católica 7. Vida cristã I. Borges, Maria Augusta. II. Título. III. Série.

13-03887   CDD-268.82

Índices para catálogo sistemático:
1. Iniciação à Vivência Cristã : Catequese : Igreja Católica : Cristianismo   268.82

Leandro Francisco Pagnussat
Maria Augusta Borges

Iniciação à Vivência Cristã II

Pré-catecumenato

Petrópolis

© 2013, Editora Vozes Ltda.
Rua Frei Luís, 100
25689-900 Petrópolis, RJ
Internet: http://www.vozes.com.br
Brasil

Todos os direitos reservados. Nenhuma parte desta obra poderá ser reproduzida ou transmitida por qualquer forma e/ou quaisquer meios (eletrônico ou mecânico, incluindo fotocópia e gravação) ou arquivada em qualquer sistema ou banco de dados sem permissão escrita da editora.

Diretor editorial
Frei Antônio Moser

Editores
Aline dos Santos Carneiro
José Maria da Silva
Lídio Peretti
Marilac Loraine Oleniki

Secretário executivo
João Batista Kreuch

Editoração: Rachel Fernandes
Projeto gráfico e diagramação: Ana Maria Oleniki
Capa: Ana Maria Oleniki
Ilustração de capa: Graph-it

ISBN 978-85-326-4564-7

Editado conforme o novo acordo ortográfico.

Este livro foi composto e impresso pela Editora Vozes Ltda.

Dedicamos esta obra aos nossos pais Alcir e Neiva Pagnussat, José Borges e Sebastiana Vieira dos Santos (in memoriam), nossos primeiros anunciadores do Evangelho de Jesus, pela sua fé e vida. Também a todos os pais que estão despertando para missão de "catequizar" os seus filhos.

Agradecemos a Therezinha Cruz pela preciosa colaboração com o testemunho de fé e a sua paixão pela Palavra, que continua revelando o caminho.

Sumário

Apresentação 9

Introdução – Catequese querigmática com adultos 11

Primeiro encontro de evangelização
O Pai tudo criou por amor 17

Segundo encontro de evangelização
Os filhos rompem a aliança de amor com Deus 24

Terceiro encontro de evangelização
O Pai envia seu Filho para trazer a salvação 30

Quarto encontro de evangelização
Jesus trouxe a salvação, nós o pregamos numa cruz 36

Quinto encontro de evangelização
O Pai ressuscitou Jesus na força do Espírito Santo 41

Sexto encontro de evangelização
O Pai e o Filho enviaram o Espírito Santo prometido 47

Sétimo encontro de evangelização
Chamados a descobrir o nosso espaço na Igreja 52

Oitavo encontro de evangelização
Duas atitudes marcam a vida dos adultos: a fé e a conversão 57

Nono encontro de evangelização
Bem-aventuranças: síntese do caminho para os seguidores de Jesus 62

Orientações para a inscrição do catecumenato 70

Referências 75

Os autores 77

Apresentação

Este segundo volume da coleção Iniciação à Vivência Cristã é um itinerário de Iniciação à Vida Cristã que trata do primeiro anúncio, do querigma. De fato, antes de transmitir uma doutrina ou uma moral, precisamos ajudar os catecúmenos a se encontrar profundamente com Jesus Cristo. O Documento de Aparecida diz que "A todos nós toca recomeçar a partir de Cristo, reconhecendo que 'não se começa a ser cristão por uma decisão ética ou uma grande ideia, mas pelo encontro com um acontecimento, com uma Pessoa, que dá um novo horizonte à vida, e uma orientação decisiva"[1], e ainda "A Iniciação Cristã, que inclui o Querigma, é a maneira prática de colocar alguém em contato com Jesus Cristo e iniciá-lo no discipulado"[2].

Os nove encontros aqui apresentados pretendem ajudar os catecúmenos a fazerem esta experiência pessoal e comunitária de Deus: O Pai, que se revelou plenamente em Jesus Cristo: "Foi assim que o amor de Deus se manifestou entre nós: Deus enviou o seu Filho único ao mundo, para que tenhamos a vida por meio dele"[3].

O mistério pascal – a morte e a ressurreição de Jesus Cristo – está no centro de nossa fé. Jesus foi fiel à vontade do Pai até o fim. A morte dele na cruz foi a sua maior prova de amor. Mas a vida venceu a morte: o Pai o ressuscitou. Os discípulos de Jesus são convidados a reviver, em sua própria vida, esta entrega: "Tornando-me semelhante a Ele na sua morte, para ver se chego até a ressurreição dentre os mortos"[4], disse Paulo.

Apesar das nossas fraquezas, nossas quedas, Deus continua nos amando. O seu amor é maior do que o nosso pecado. A aliança que o Pai fez conosco e o sangue derramado na cruz por Jesus são provas do amor fiel e irreversível de Deus para conosco.

O Espírito Santo prometido por Jesus ilumina e fortifica nossa caminhada. Ajuda-nos a não nos afastarmos do projeto do Evangelho e nos levanta quando caímos.

---

[1] DAp, n. 12.
[2] DAp, n. 288.
[3] DAp; 1Jo 4,9.
[4] Fl 3,10.

A vida em comunidade é fundamental para progredir na fé. Nela meditamos a Palavra de Deus, partilhamos o pão e celebramos a Eucaristia[5]. Sem comunidade não é possível viver como discípulo de Jesus Cristo. A vivência das bem-aventuranças marca o novo estilo de vida dos cristãos, animados pelo Espírito de Jesus[6].

Desejo que este volume contribua para o encontro pessoal com Jesus Cristo e para realização de uma experiência pessoal e comunitária.

Dom Eugênio Rixen
Bispo de Goiás
Presidente da Comissão Episcopal
para Animação Bíblico-Catequética do Centro-Oeste

---

[5] Cf. At 2,42.
[6] Cf. Mt 5,1-12.

Introdução

Catequese querigmática com adultos

"Este Jesus que vocês crucificaram, Deus o ressuscitou. E nós somos testemunhas disso" (At 2,32). "Quando ouviram isso, todos ficaram de coração aflito e perguntaram a Pedro e aos outros discípulos: Irmãos, o que devemos fazer?" (At 2,37). Assim, Pedro iniciou a pregação, logo após a vinda do Espírito Santo, enviado pelo Pai e por Jesus, como havia sido prometido aos apóstolos.

O núcleo central dessas primeiras pregações dos apóstolos consiste nisso: Jesus foi crucificado, morto e sepultado, Deus o ressuscitou. E Ele está vivo no meio de nós, suas testemunhas, enviadas para anunciar e testemunhar sua vitória até os confins da terra. Foi essa experiência que transformou aqueles assustados apóstolos, que tinham ficado decepcionados com a morte de Jesus, em valentes pregadores do Evangelho, capazes de enfrentar até o martírio para levar ao mundo a mensagem de seu Mestre. É a esse primeiro anúncio que a Igreja de Jesus Cristo, alicerçada sobre o fundamento dos apóstolos, denominou catequese querigmática. É o anúncio do núcleo central da fé, a proclamação da mensagem da vida daquele que, por amor, entregou-se totalmente para levar, de volta ao Pai, os filhos de Deus dispersos pelo pecado e, com sua vitória sobre a morte, mostrou-nos que a vida vai além do que experimentamos neste mundo.

Graças a essas primeiras pregações apostólicas, começou a se multiplicar, ao longo dos séculos, o número dos adultos que angustiados perguntavam: "Irmãos, o que devemos fazer?" Para tal pergunta só havia uma resposta: "Arrependam-se e cada um de vocês seja batizado em nome de Jesus Cristo, para o perdão dos pecados. Depois vocês receberão do Pai o dom do Espírito Santo. Pois, a promessa é em favor de vocês e de seus filhos e para todos aqueles que estão longe, todos aqueles que o Senhor nosso Deus chamar" (At 2,38-39).

Consideremos com gratidão a fidelidade da Igreja primitiva que por meio dessa catequese querigmática anunciava Jesus, tornando-o cada vez mais conhecido e amado como Caminho, Verdade e Vida. Graças a isso nós estamos aqui. Nosso maior desejo é, com amor e seriedade, fazer com nossos adultos o mesmo caminho, com o objetivo de colaborar com a Mãe Igreja na gestação de novos cristãos, maduros na fé, na esperança e no amor, comprometidos com a missão do Reino de Deus.

Em primeiro lugar era preciso continuar revelando a Palavra que veio do Pai, com o poder de reunir a multidão dos filhos que andavam perdidos como ovelhas sem pastor. Foi o movimento do Espírito Santo prometido e enviado que alimentou a fidelidade dos apóstolos, discípulos e discípulas de Jesus na missão de anunciar o Evangelho, mantendo acesa, ao longo dos séculos, a chama do Novo Reino.

Nos primeiros séculos, o cristianismo não era parte da cultura dominante. Quem quisesse ser cristão tinha que escolher com firmeza esse caminho, no qual se comprometia toda a sua vida. Era uma mudança de rumo e de identidade. Para isso não se necessitava somente de um estudo, era preciso mergulhar nesse novo modo de viver. A pessoa de Jesus deveria ser a motivação dominante, capaz de gerar um irresistível desejo de viver o discipulado – é o que chamamos de iniciação. Nos primeiros tempos isso foi feito por meio do processo que se chamou catecumenato: uma caminhada com tempos para amadurecer a decisão e criar um novo modo de vida em comunidade.

Esse catecumenato deu à Igreja um alicerce sólido, capaz de sustentá-la em sua caminhada histórica desde os primeiros séculos até a consumação dos tempos. O objetivo final é a vivência dos valores do Reino anunciado por Jesus, mas a Igreja é um espaço necessário para que essa experiência seja bem vivida. Por isso Jesus disse: "Você é Pedro e sobre esta pedra construirei a minha Igreja, e o poder da morte nunca poderá vencê-la" (Mt 16,18).

O que somos hoje começou com os primeiros cristãos que "eram perseverantes em ouvir o ensinamento dos apóstolos, na comunhão fraterna, no partir do pão e nas orações. [...] Diariamente, todos juntos frequentavam o templo e nas casas partiam o pão, tomando alimento com alegria e simplicidade de coração. Louvavam a Deus e eram estimados por todo o povo. E a cada dia o Senhor acrescentava à comunidade outras pessoas que iam aceitando a salvação" (At 2,42.46-47). Hoje estamos precisando recuperar esse processo porque encontramos novamente uma situação em que muitos adultos precisam ser apresentados à proposta cristã, já que muita coisa na sociedade contribui para certo esvaziamento do compromisso religioso. A retomada deste caminho, solicitada pelo Papa Paulo VI durante o Concílio Vaticano II (1962-1965), conta com os apóstolos, discípulos e discípulas de hoje, para a missão de reconstruir a comunidade cristã no templo e nas casas. O processo todo, com suas diversas fases, é assim:

1º tempo	2º tempo	3º tempo	4º tempo
Pré-catecumenato	Catecumenato	Purificação/iluminação	Mistagogia
Primeiro anúncio.	Catequese e aprofundamento.	Preparação mais próxima dos sacramentos (tempo quaresmal).	Vivência na comunidade cristã.

Neste volume vamos tratar do início da evangelização dos adultos que querem ser Igreja conosco. O processo se inicia neste primeiro tempo denominado pré-catecumenato, partindo da Igreja para as casas dos adultos. Para isso, propomos nove encontros e apresentamos as seguintes sugestões de encaminhamento para a sua realização:

1. Propõe-se, com base em nossa experiência, que os encontros se realizem nas casas das pessoas que participarão da Catequese de Iniciação à Vida Cristã, nas comunidades onde seja possível. Esta proposta, em nossa experiência, mostrou-se positiva, pois ajuda a criar um clima de comunidade, união, família de fé.

2. Nas comunidades que for possível, orienta-se a reunir o grupo de catequizandos jovens e adultos, juntamente com seus(suas) catequistas e acompanhantes, em frente à igreja antes de cada encontro, propondo-lhes seguir juntos até a casa onde acontecerá o encontro, cantando e louvando a Deus durante a caminhada.

3. Se for possível realizar o encaminhamento proposto no item dois, indica-se convidar o pároco a fazer, antes dos encontros, uma breve reflexão com o grupo e concluir com uma bênção de envio àqueles que desejam seguir os passos de Jesus. Caso encontrem dificuldade para isto, convém combinar com o pároco para que sua participação aconteça no primeiro encontro desta forma e nos demais o próprio coordenador e/ou o(a) catequista realize uma motivação para cada encontro.

4. É importante que o coordenador organize os recursos para cada encontro ou solicite aos participantes seu envolvimento na preparação dos mesmos, especialmente aquele que receberá o grupo em sua casa.

5. Sugere-se que o coordenador do grupo faça contato com a família que irá acolher o grupo explicando-lhe o processo. Ainda, é interessante convidar o grupo para que ao chegar a casa entre cantando alegremente: *"Esta família será abençoada..."* ou outro canto de acordo com a realidade e reflexão de cada encontro, destacando que como discípulos de Jesus são evangelizados para evangelizar.

6. Para todos os encontros é bom que o tema seja colocado em um cartaz para ter um melhor destaque. Portanto, em cada encontro que se segue os demais cartazes dos encontros anteriores serão expostos para facilitar a memória do que já foi refletido em cada um deles.

7. Cabe ao acompanhante ao realizar o encontro com a pessoa que acompanha, além de interessar-se por sua vida pessoal e familiar, voltar ao texto bíblico lendo, ouvindo as dúvidas e meditando na oração.

8. Para o momento do encontro OLHANDO A BÍBLIA sugere-se o uso do método da leitura orante, visando o desenvolvimento de uma espiritualidade sólida, bíblica e litúrgica, percorrendo 4 degraus:

1º) A leitura
- Responder à pergunta: O que diz o texto em si mesmo?
- Ler, ler muito para familiarizar-se com a Palavra, até que ela se torne nossa Palavra.

2º) A meditação
- Responder a pergunta: O que o texto diz para mim, para nós, hoje, aqui e agora neste momento histórico? Que mensagem isso traz para a minha história de vida, do país e do mundo?

3º) A oração
- É o momento de perguntar: O que eu vou dizer a Deus? Assumo ou não o que Deus me pede?

4º) A contemplação
- É enxergar com os olhos da fé e do amor o que nos vem da Palavra de Deus.
- É agir, para que a Palavra continue se encarnando em nossa história. Na contemplação, a Palavra se faz experiência... É experiência do autor da Palavra: Deus.

9. Orienta-se:
   - Se alguém não tiver Bíblia, os(as) catequistas e acompanhantes providenciem.
   - É importante que as leituras e salmos indicados nos encontros sejam lidos diretamente da Bíblia. Ela é o livro por excelência da catequese.
   - Se alguém não sabe ler, os(as) acompanhantes sentam ao seu lado e ajudam no seu exercício. Tudo deve ser feito com cuidado para não criar constrangimento. Da mesma forma, devem ser ajudados a perceber as referências que o texto faz às nações como símbolos dos grandes problemas que podemos superar com a força do amor de Deus (e não como incentivo a um domínio sobre os outros, ou qualquer tipo de conquista guerreira).
   - Após cada encontro combinar o próximo e a próxima casa, orientando para que no dia e horário marcado o grupo se encontre na porta da igreja, e todos se dirijam para a casa definida aonde vão se reunir.
   - Entre um encontro e outro, que será a cada 15 dias, poderá haver uma semana de intervalo. Nesse intervalo, os(as) acompanhantes se encontram pessoalmente com a pessoa que está sendo acompanhada, para juntos sanarem dúvidas, rezarem, refletirem sobre o encontro anterior e os sentimentos provocados pela experiência.
   - No final dos nove encontros poderá ser feita uma confraternização e uma ação de solidariedade. Para isso, a cada encontro podem ser recolhidos materiais para fazer uma cesta básica às famílias necessitadas. Sugere-se que este encontro se realize no espaço da paróquia. Sugerimos ainda a presença do pároco.
   - Os cantos sugeridos se encontram no livro: *Cantos e orações – Para a liturgia da missa, celebrações e encontros*, organizado por Míria T. Kolling, José Luiz Prim e Alberto Beckhäuser, publicado pela Editora Vozes. No decorrer dos encontros indicaremos as páginas e os números dos cantos nesta referência.

10. É importante que no fim deste primeiro tempo cada um dos jovens e adultos tenha um momento de conversa agendada. Quem participa deste momento? O catequizando, seu(sua) acompanhante, um(a) catequista e principalmente o pároco. O objetivo desta conversa é avaliar se o catequizando em questão está na possibilidade de avançar no ca-

minho. Esta conversa precisa ser agendada antes mesmo da celebração de entrada no catecumenato. Para que este encontro aconteça é bom que a ficha de inscrição já esteja preenchida. A título de sugestão, esse momento de encontro deve acontecer no fim de cada etapa.

Pistas para a conversa

a) Como está se sentindo no processo? Quais os sentimentos?
b) Quais os crescimentos que houve na vida pessoal a partir dos encontros?
c) Como está sendo a presença dos acompanhantes. O processo de acompanhamento está acontecendo? Quais as luzes? Quais as fraquezas?
d) Momentos e temas que mais marcaram?
e) E a vida de oração, como vai?
f) A experiência do caminho, até aqui, ajudou a despertar ou aumentou o gosto pela Palavra de Deus?

Ao partilhar nossa experiência, o fazemos com o desejo de que Maria conceda-lhes a graça de evangelizar nos passos de Jesus.

Os autores

Primeiro encontro de evangelização

O PAI TUDO CRIOU POR AMOR

Objetivo
Reconhecer Deus como fonte de amor.

Destaques do conteúdo deste encontro

Muitos pensam em Deus como juiz, como realizador de desejos, como milagreiro sensacionalista, como alguém que exige ser louvado. Mas, o mais importante é perceber Deus como fonte de amor. Toda a criação foi feita por amor. Até as leis e regulamentos que Ele nos dá são consequências desse amor, como seriam as orientações de um pai e de uma mãe que ensinam o filho a se comportar bem porque assim ele será mais feliz e bem-sucedido. Esse amor não é um prêmio que merecemos por nosso esforço, ele é um dom gratuito que nos sustenta para que justamente tenhamos vontade e ânimo para desempenhar sempre o melhor. Cada um deve se perceber como a obra valiosa de um grande artista; isso não seria uma atitude de vaidade, mas é proposto como estímulo para realizar tudo de bom que estiver ao seu alcance. Estar a serviço de Deus, que é Amor, é construir uma vida melhor, aqui mesmo neste mundo, para nós mesmos e para os outros. O cristão é chamado a acolher, viver e testemunhar esse amor.

Preparação do ambiente

O grupo de catequistas e acompanhantes traz os cartazes e símbolos que foram preparados com antecedência, conforme o conteúdo do encontro (neste caso, seriam figuras que evoquem o amor de Deus, na criação e no amor que as pessoas dedicam ao próximo; também podem ser frases dos textos bíblicos que vão ser refletidos); vela, Bíblia e flores; folha ou livro de cantos para todos; gravuras que expressem o amor de Deus; notícias sobre doação aos menos favorecidos que retratem o amor fraterno e solidário.

I. Acolhida e oração

Chegada

Todo o grupo é recebido pelo pessoal da casa escolhida para este primeiro encontro e canta na entrada, num processo de acolhimento mútuo: Esta família será abençoada...

Com muita alegria, reunimo-nos na casa da família de nossa irmã (ou irmão) que, ouvindo o convite de Deus por meio de nossa comunidade, aceitou e está fazendo o caminho da Iniciação à Vida Cristã. *(A pessoa da casa poderá dizer algumas palavras de acolhida.)*

Este é o primeiro dos nove encontros que realizaremos, nos quais vamos conhecer melhor as maravilhas que Deus fez e continua fazendo por nós. Além disso, vamos experimentar a alegria de convivermos como irmãos e irmãs.

Os(As) catequistas e acompanhantes poderão fazer uma dinâmica de apresentação. Sugestão: durante alguns minutos, conversam de 2 a 2, cada um dizendo ao outro as qualidades que acha que tem e o que gosta de fazer. Em seguida, cada um apresenta a outra pessoa, destacando um dom de Deus que ela poderia partilhar na comunidade. Poderão cantar um refrão entre as apresentações.

Refrão: *Seja bem-vindo olêlê...*

Oração

Voltemos nosso coração a Deus, preparando-nos para acolhê-lo em nossa vida e pedindo-lhe para iluminar a nossa reflexão, cantando:

- Refrão: *Onde reina o amor... (p. 318, n. 1.459J).*
- Acendimento da vela *(a pessoa da casa).*
- Abertura do Ofício Divino *(conforme o tempo litúrgico e a hora).*

> **Para rezar juntos**
> Pai, estamos aqui para conhecer e experimentar o teu amor por nós. Queremos manifestar a nossa alegria porque fomos escolhidos por teu Filho muito amado: Nosso Senhor Jesus Cristo. Dá-nos o teu Espírito e sustenta-nos em teu Reino de amor e paz, hoje e sempre. Amém.

Canto: *O nosso grupo será abençoado... (Este nosso encontro será abençoado...).*

II. Introdução

É um momento novo, um tempo forte de graças para todos que estão a caminho na Iniciação à Vida Cristã. Deus nos reúne agora para refletirmos que "o Pai tudo criou por amor" *(todos leem juntos o tema)* e, reunidos, podermos "reconhecer Deus como fonte de amor" *(o(a) catequista lê o objetivo)*. Neste encontro vamos compreender o grande amor de Deus por nós e refletir sobre a resposta que podemos dar a esse amor. O grande artista que criou o ser humano e o sustenta espera ver nele a bonita obra que Ele nos deu condições de realizar.

> **Para rezar**
> Abre, Senhor, os nossos ouvidos e os nossos corações para que o seu amor venha morar em nós. Que ele venha transformar as nossas vidas e muitas vidas por meio de nós.

III. Olhando a vida

No mundo em que vivemos, em nosso Brasil, em nosso Estado, existem muitos sinais de amor?

Vamos lembrar de algumas obras da Igreja e de tantas pessoas que contribuem de várias formas para a construção de um mundo novo possível:

- a Pastoral da Criança;
- as pastorais sociais;

- os voluntários que trabalham em hospitais do câncer;
- as chácaras de recuperação;
- os hospitais que acolhem pessoas com deficiência;
- as creches.

Existem também sinais de amor nas famílias, na vida pessoal de cada um, em diferentes campos de trabalho profissional. Todos são reflexos do amor com que Deus nos criou. Quais são os sinais de amor que nós vemos acontecer ao nosso redor? *(Ouvir os participantes.)*
(Montar um painel com gravuras, trazidas pelo grupo de catequistas e acompanhantes, que falem da presença do amor no mundo. Ler uma notícia que relata a doação de pessoas em favor dos sofredores.)

Será que acontecimentos como estes ajudam a percebermos a presença de Deus no mundo? Pessoas assim são sinais do amor de Deus pela humanidade? *(Ouvir o grupo.)*

IV. Olhando a Bíblia

Aclamação à Palavra: *Tua Palavra é lâmpada para meus pés...* (p. 149, n. 662).

Vamos abrir os ouvidos e o coração para acolher o que Deus quer nos falar. A Bíblia traz para este nosso primeiro encontro uma passagem maravilhosa do amor de Deus. Nesta leitura vamos perceber que é um amor todo especial, que se dirige a cada pessoa.

Proclamação da Palavra: Is 43,1-5.

1º degrau: ler Is 43,1-5.

- Fazer uma leitura bem pausada para que todos possam assimilar bem.
- Após a leitura, cada um lê em silêncio, assinalando os versículos que mais lhe chamaram a atenção. Ao final, podem repeti-los. O que diz o texto? O que mais chamou a atenção neste texto?

2º degrau: meditação

Cada um é convidado a fazer a experiência do amor de Deus. Para isso:

- Vamos ouvir/ler novamente o versículo 1.
  - Repeti-lo várias vezes, até que nos sintamos participantes desta palavra.
  - Por último, vamos ler substituindo, cada um, o nome de Jacó e Israel, pelo seu nome. A Palavra de Deus é sempre atual. Ela é para ontem, hoje e para o futuro. Do mais profundo do seu ser, onde habita Deus, você pode ouvi-lo chamando o seu nome. *(silêncio)*
- Passar para o versículo 4, fazendo o mesmo exercício.
  - Feche os seus olhos, faça silêncio em seu coração e sinta o imenso amor de Deus por você. É Deus quem fala com você: "Eu resgato e chamo você pelo nome. Você é meu (minha)". *(silêncio)*

Canto: *Deus é amor* (p. 319, n. 1.460J).

Não basta saber que Deus nos ama. É necessário fazer a experiência desse amor; crer e experimentar o amor de Deus por nós. Tal amor é pessoal, porque Ele é nosso Pai e Mãe. Deus nos formou desde o seio materno. *(Ler Jr 1,5)*

Deus criou o Profeta Jeremias com capacidade para a grande missão: anunciar sua Palavra. Ele também sonhou grandes coisas a nosso respeito desde quando nos gerou no ventre de nossa mãe. O amor de Deus é muito grande, maior que o amor da melhor mãe. É o que Ele nos diz em Is 49,15-16. *(Um leitor ou alguém do grupo lê pausadamente.)*

Deus nunca nos esquecerá, mesmo naqueles momentos em que parecemos estar mais sozinhos ou menos merecedores de atenção.

- **Ler 1Jo 4,7-8:** O amor de Deus é incondicional porque Deus é Amor. Ele não exige que façamos antes algo para merecer sua atenção. Ele sempre nos ama primeiro.
- **Ler Jo 15,16:** Deus nos escolhe para dar frutos. Ele espera que o mundo fique um pouco melhor porque nós existimos e nos torna capazes de fazer o bem.

3º degrau: oração

Diante do que foi refletido, deixe a oração brotar do fundo do seu coração. Deus fala. Como vamos responder?

Converse com Deus, como você conversa com o seu melhor amigo. Quem quiser pode expressar em voz alta a sua oração, para o crescimento desta nossa pequena comunidade.

4º degrau: contemplação

Vamos olhar e saborear as maravilhas que Deus fez hoje por nós, revelando-nos seu imenso amor de Pai. Contemplar é deixar-se envolver pelo olhar de Deus; é olhar com o olhar de Deus.

- Observar um recorte de jornal que traz os sofrimentos, os desastres, a fome... ou pensar em uma situação semelhante que já tenha visto.

Como Deus vê esta dura e sofrida realidade do nosso mundo, do nosso Brasil, do nosso Estado, que é tão contrária ao amor para o qual Ele nos criou?

Vamos conversar:

- Como nós vemos os acontecimentos?

- O que Deus espera de nós em meio a esta realidade?
  (O(A) catequista ouve as respostas, anotando-as no quadro ou no papelógrafo, destacando a importância das ações concretas, que devem nascer a partir da oração.)

Canto: *Estou pensando em Deus* (p. 299, n. 1.374).

V. Oração final

Jesus tinha muita intimidade com o Pai. Depois do encontro com a multidão, enquanto os apóstolos descansavam, Ele se retirava para rezar e estar em intimidade com o Pai. Essa intimidade o fortificava na missão. Essa atitude de Jesus despertou nos apóstolos o desejo e a necessidade de aprender a rezar. Eles pediram: "Mestre, ensina-nos a rezar!" E Jesus ensinou o Pai-nosso.

- Vamos rezá-lo de coração, refletindo que Deus é nosso Pai e o Pai de todas as pessoas da face da terra. Entre estas, há milhares que nunca ouviram a Boa Notícia do amor de Deus. Peçamos ao Pai, em nome de Jesus, que nos faça reveladores do seu amor, onde estivermos: em nossas famílias, com nossos vizinhos, no trabalho, na escola e na comunidade. *Pai nosso...*

Na Bíblia vemos um bom exemplo do que é seguir a Palavra de Deus. Maria, ao ser escolhida para ser mãe de Jesus, respondeu: Faça-se em mim segundo a vossa Palavra (Lc 1,38). Nós temos aí um modelo de compromisso com Deus. Quando Deus nos der uma missão, queremos dizer como Maria: faça-se em mim o que desejas. Agradecemos a ela por ter estado tão disponível e queremos acolher Jesus em nós como ela o acolheu em seu ventre e sua vida, rezando: Ave Maria...

VI. Indicações para a continuação do processo

A serem partilhadas com o acompanhante de cada um.

1. Leia: Jo 3,16; 1Jo 4,14; 4,10; Is 54,10; 49,15.
2. Escolha dois dos textos que leu, guardando-os na memória e no coração.

Segundo encontro de evangelização

OS FILHOS ROMPEM A ALIANÇA DE AMOR COM DEUS

Objetivos

- Tomar consciência do pecado e de suas consequências em nível pessoal e social.

- Perceber que o caminho da conversão tem duas vias:
1ª) a graça e a misericórdia de Deus, que vem ao nosso encontro;

2ª) as pessoas que devem ir ao encontro de Deus com o coração aberto.

Destaques do conteúdo deste encontro

O pecado, antes até de ser uma ofensa a Deus, é um prejuízo que causamos a nós mesmos, não porque Deus castiga, mas porque pecando criamos um mundo pior para nós e para os outros. No entanto, não há pecado que não tenha possibilidade de perdão se houver uma verdadeira conversão. Também não há impossibilidade de conversão: ninguém está tão perdido que não possa voltar ao bom caminho. Afinal, Deus também nos ama quando menos merecemos, porque é justamente quando mais precisamos desse amor. É importante para a nossa felicidade, aqui e agora, evitar o pecado, sem nos transformarmos em juízes dos que erram, já que todos somos pecadores. O amor invencível de Deus sempre nos convida a sermos melhores. Também devemos saber amar os que pecam, para que eles se sintam estimulados à regeneração. É muito difícil uma pessoa melhorar quando acha que já perdeu todas as chances, quando acredita que ninguém mais confiará nela.

Preparação do ambiente

- Cartaz com uma aliança partida e o tema do encontro.

- Espinhos (pode-se selecionar imagens ou plantas que possuam espinhos).
- Recortes de jornais e revistas com notícias sobre fome, miséria, violência e morte. Mapa do mundo e do Brasil.
- Vela e Bíblia para a oração inicial.

I. Acolhida e oração

Chegada

(O grupo chega e canta abençoando a família: Esta família será abençoada...*)*

(O)A catequista dá a palavra à pessoa da casa, que acolhe o grupo. Em seguida, dá as boas-vindas a todos, convidando-os para se reconhecerem mutuamente como irmãos, com um abraço fraterno. O(A) catequista motiva a atenção para o tema, convidando todos para lerem juntos. O objetivo é apresentado pelo(a) catequista. Em seguida faz-se uma breve memória do encontro anterior, usando os cartazes referentes ao encontro passado.

Oração

- Refrão: *Onde reina o amor* (p. 318, n. 1.459J).
- Acendimento da vela. *(A pessoa da casa.)*
- Abertura do Ofício Divino. *(Conforme o tempo litúrgico e a hora.)*
- Sl 136

II. Introdução

O grupo é convidado a partilhar o que viveu durante a semana.

Vamos observar, por alguns minutos, o cartaz que apresenta o tema e o símbolo deste encontro, procurando relembrar que situações ou fatos nos trazem a mente. Depois vamos ler juntos com o grupo o que está escrito no cartaz.

Questões para uma reflexão inicial do grupo

- Se Deus nos ama, então por que, em nível pessoal, vivemos com tanta insegurança, temor, inveja, insatisfação, angústia, desespero, tristeza e não experimentamos seu amor?

- Se Deus nos ama, por que, em nível comunitário, as famílias se desintegram, os filhos se rebelam contra os pais, há conflitos de gerações, competições, ódio de uns contra os outros?

- Se Deus nos ama, então por que vemos à nossa volta a guerra, a fome, a pobreza, a injustiça, a descriminação, a opressão e a falta de liberdade?

- Se Deus nos ama, por que não experimentamos uma felicidade completa? Por que o nosso mundo não é um paraíso onde se vive em harmonia, paz e justiça?

Neste encontro vamos refletir sobre a aliança de amor que Deus firmou conosco. Porém, essa aliança foi rompida com o pecado, que impôs à humanidade o pesado fardo da escravidão e da morte.

Para rezar juntos

Senhor, nós queremos corresponder melhor ao teu imenso amor por nós, a fim de que, livres e felizes, possamos colaborar na construção do teu Reino de justiça e paz. Apoia-nos, Pai, na missão que nos dispomos a aceitar e socorre-nos em nossas fraquezas. É o que pedimos em nome de Jesus, teu Filho, que convosco vive e reina para sempre. Amém.

Canto: *Senhor, que viestes salvar* (p. 192, n. 889).

III. Olhando a vida

No mundo em que vivemos, em nosso Brasil, em nosso Estado e município, existem muitos sinais de desamor? Desses sinais, quais os que nos afetam e nos preocupam mais?

(O(A) catequista mostra e comenta o mapa mundi e do Brasil, e também recortes de jornais e revistas com notícias de sofrimentos (fome, miséria, doença,...), violência e morte. O grupo diz o que sente sobre os assuntos e as

observações feitas são resumidas em pequenos cartazes, que serão dispostos como um mural. Alguém lê uma notícia de miséria e de fome causada pelo egoísmo e pela ganância dos poderosos das nações.)

Perguntas para ajudar a refletir

- E você, tem algum fato para contar? Há acontecimentos em nossa cidade, povoado, assentamento que trazem a marca do pecado?
- Será que Deus criou este mundo para ser assim?
- O amor de Deus é só para um grupo de filhos privilegiados?

Canto: *Por que esperar amanhã* (p. 306, n. 1.406).

IV. Olhando a Bíblia

Aclamação à Palavra: *Tua Palavra é lâmpada para meus pés* (p. 149, n. 662).

A Bíblia é a Palavra de Deus escrita na história humana, com todas as suas sombras e contradições trazidas pelo pecado. O mais importante, porém, não é o pecado e suas contradições, mas a presença de Deus que, com sua Palavra, busca tirar seus filhos das sombras e infelicidades que o pecado traz. Para iluminar o tema do nosso encontro de hoje, vamos acolher a Palavra de Deus, cantando novamente o mantra.

Proclamação da Palavra: Lc 15,11-32.

- O que é uma parábola?
- Por que Jesus falava em parábolas?
- Como seria uma parábola com a mesma mensagem, contada em cenário atual?

Vamos refletir melhor esse texto do Evangelho seguindo os degraus da leitura orante.

1º degrau: ler

Cada um lê em silêncio marcando o que mais lhe tocou; depois alguém lê em voz alta, e outra pessoa é convidada a contar a mesma história com as próprias palavras (ou colocando-a em situações atuais).

- Esta parábola retrata bem as realidades que o tema de hoje nos traz?
- Existem muitos filhos pródigos nos dias de hoje?
- E nós já precisamos ser amados e ganhar uma nova chance depois de erro, como esse filho pródigo? E já nos recusamos a aceitar que outro seja perdoado, como fez o irmão mais velho?

2º degrau: meditação

Deus nos criou para vivermos sempre em sua aliança de amor. Ele nos convida a experimentar a paz, a felicidade, a alegria que esta aliança nos traz. Pecar é quebrar essa aliança. Essa infidelidade ao amor impede que a felicidade, a paz, a justiça e a união aconteçam no mundo, nas comunidades, nas famílias e em nossa vida pessoal.

- O que esta parábola diz para você?
- Existem muitas quebras de aliança em nossa sociedade e em nossas famílias?
- Quais são as consequências?

3º degrau: oração

Existe um salmo que retrata muito bem nossa condição de pecadores.

- O que é um salmo?
    - É uma oração que brota da vida, que sai do coração da pessoa que está buscando a face de Deus.
    - Vamos rezar o Sl 51.
- E você? O que gostaria de falar com Deus dentro desta reflexão? Reze no silêncio de seu coração. Quem quiser pode escrever a oração.

O grupo dedicará um tempo para partilhar as orações.

4º degrau: contemplação

Agora é o momento de nos deixarmos envolver pela presença deste Pai, que é todo amor, compaixão e misericórdia. Silencie os seus pensamentos, a sua boca e todo o seu corpo. Apenas experimente a ternura deste Deus que nos ama incondicionalmente.

A contemplação também nos leva a agir.

- Como Deus vê esta dura e sofrida realidade, provocada pela rebeldia dos filhos pródigos em nosso mundo, em nosso Brasil, em nossas famílias?
- Como nós a vemos?
- O que Deus espera de nós? *(Ouvir)*

V. Oração final

- Cantar o *Filho Pródigo*.
- Rezar um Pai-nosso.
- Invocar a presença de Maria, como aquela que soube se colocar à disposição de Deus e assim contribuiu para que Jesus viesse até este mundo, sendo libertador do pecado.

Canto: *Santa Mãe Maria* (p. 269, n. 1.248).

VI. Indicações para a continuação do processo

A serem partilhadas com o introdutor ou acompanhante de cada um.

- Releia a Parábola do Filho Pródigo (Lc 15,11-32), cante-a e conte-a no acompanhamento e para a família.
- Escolha um versículo para guardar no coração, *saber de cor*.

Terceiro encontro de evangelização

O PAI ENVIA SEU FILHO PARA TRAZER A SALVAÇÃO

Objetivo
Anunciar o mistério da vida de Jesus, vindo de Deus e encarnado no meio de nós.

Destaques do conteúdo deste encontro

Jesus não veio para se exibir ou ameaçar. Ele veio para fazer e ensinar a fazer o bem. Veio com muita sensibilidade para os sofrimentos humanos, para sabermos o quanto Deus se importa conosco. Na sua vida, muitos são os fatos que ilustram bem a profecia que Ele anuncia que veio cumprir. Quem se propõe a ser seguidor de Jesus deve fazer o bem aos necessitados, como Ele fez. O relato simbólico do pecado de Adão e Eva (que representam todos nós) deve ser entendido como a descrição do que a humanidade faz em todos os tempos e dos perigos que preparamos para nós mesmos quando não seguimos o caminho das boas escolhas que Deus nos pede.

Preparação do ambiente

Recortes de jornais e revistas que retratam os sofrimentos dos pobres de vários tipos, com Jesus no centro. Os símbolos dos encontros anteriores (crucifixo, imagem de Nossa Senhora, Bíblia e vela sempre devem ser trazidos para ajudar a fazer a memória da caminhada). Selecionar notícias de jornal que ilustrem as consequências do pecado na vida pessoal, comunitária e social.

I. Acolhida e oração

Chegada
(Todo o grupo é recebido pelo pessoal da casa escolhida para este encontro e canta na entrada, num processo de acolhimento mútuo: Esta família será abençoada...*)*

Ler o tema do encontro e depois observar os símbolos que a ele se referem. Depois vamos ler os cartazes dos dois primeiros encontros para relembrar/fazer memória de nossas reflexões.

Oração
- Refrão: *Indo e vindo...* (p. 318, n. 1.549Q).
- Acendimento da vela. *(Uma pessoa da casa que acolhe.)*
- Abertura do Ofício Divino. *(Conforme o tempo litúrgico e a hora.)*

II. Introdução

"Deus amou tanto o mundo que enviou seu Filho Unigênito, não para condenar o mundo, mas para que o mundo seja salvo por meio dele" (Jo 3,16-17). Se as pessoas eram incapazes de chegar a Deus, Deus chegou até elas. Se não tínhamos as forças necessárias para subir até Ele, Ele desceu até nós. Há uma solução para o mundo e para a humanidade, feridos de morte por causa do pecado. Essa solução é o próprio Jesus, cujo nome significa: Deus salva. Ele não só traz a salvação de Deus; Ele mesmo é a salvação. É "Deus conosco!" É também gente como nós em tudo, menos no pecado. Veio caminhar em nossas estradas, abraçar a nossa pobreza, tocar e curar as nossas chagas.

> **Para rezar juntos**
>
> Pai, nós queremos te render muitas graças, porque nos concedeste poder contemplar a tua face cheia de ternura e misericórdia, na face do teu Filho Jesus.

Desde o momento em que os primeiros seres humanos pecaram, Deus nos promete o Salvador.

Quando a Bíblia fala poeticamente da criação do ser humano, conta uma história onde todos seriam felizes no Paraíso, um lugar sem dores ou problemas. Nessa história é o ser humano que, desobedecendo a Deus, perde o Paraíso e fica exposto aos muitos perigos e sofrimentos desta vida. No fundo, essa não é só a história de pessoas chamadas Adão e Eva, é a história de todos nós, que fomos criados para viver num mundo harmonioso e feliz e estragamos tudo escolhendo mal os nossos caminhos. Mas Deus não se conforma com o que seria um final trágico para a história humana. Ele nos diz, de modo simbólico, já lá mesmo no relato sobre Adão e Eva, que a história da humanidade vai acabar bem porque Ele nos mandará socorro e salvação. Em Jesus essa promessa se cumpre.

- Ler Gn 3,15. Jesus, descendente da mulher, esmaga a cabeça do inimigo. O mal vai ser derrubado porque Deus nos envia algo mais forte: o Senhor Jesus Cristo. Por isso, Ele nos diz no Evangelho de João: "No mundo tereis aflições. Mas tende coragem! Eu venci o mundo!" (Jo 16,33).

III. Olhando a vida

Ao ver as notícias de jornal identificamos que elas ilustram as consequências dos pecados humanos. Vamos ler algumas notícias selecionadas pelo(a) catequista e conversar:

- Acontecem tragédias como estas ao nosso redor? *(Verificar se alguém tem outros fatos para contar, dentro do tema.)*
- Por que as drogas estão envolvendo tantos jovens e crianças?
- Que outras escolhas erradas o ser humano costuma fazer?
- Onde estão as causas de tanta morte e destruição?

- A vitória de Jesus sobre o pecado e a morte tem uma resposta para os que sofrem e morrem em consequência das drogas e de outras atitudes destrutivas na sociedade? *(Conversar sobre as questões.)*

Canto: *O Senhor é minha luz* (p. 175, n. 811).

IV. Olhando a Bíblia

Aclamação à Palavra: *Tua Palavra é lâmpada para meus pés* (p. 149, n. 662).

Proclamação da Palavra: Vamos ouvir a Palavra de Deus (Lc 4,14-22).

Vamos refletir e rezar com o texto seguindo os degraus da leitura orante.

1º degrau: ler

Vamos ler o texto bíblico em silêncio, prestando atenção em cada detalhe. Depois podemos contar com nossas próprias palavras o que lemos.

- O que diz o texto? O que mais chamou a atenção neste texto?

O que esta Palavra nos conta?

Neste texto de Lucas podemos ver claramente a missão e a opção de Jesus. Ele escolheu anunciar aos pobres a Boa-nova e libertar os cativos.

2º degrau: meditação

O que esta Palavra quer dizer a vocês?

O desafio da Igreja é a *evangelização* do mundo de hoje, mesmo em territórios onde a Igreja já se encontra implantada há mais tempo. Nossa realidade pede uma nova evangelização. [...] A Igreja "existe para evangelizar", isto é, para anunciar a Boa Notícia do Reino, proclamado e realizado em Jesus Cristo (cf. *Evangelii Nuntiandi*, 14): é sua graça e vocação própria[7].

---

[7] *Diretório Nacional de Catequese*. 2. ed. Brasília: CNBB, 2008, p. 42 [Documento da CNBB, n. 29-30].

- Então o que é evangelizar?
- O que é ser evangelizado?
- Isso faz você feliz? Enche o seu coração de esperança e paz?

Para rezar juntos

"Ó Senhor, nosso Deus, dá-nos a graça de te desejar com todo o nosso coração. Que nosso desejo nos leve a buscar-te e a encontrar-te. E que encontrando-te possamos amar-te. E que te amando possamos odiar os pecados de que nos redimistes" (Santo Anselmo).

Canto: *Jesus, eu irei* (p. 173, n. 790).

3º degrau: oração

Este degrau nos leva a rezar. Por quem você sente necessidade de rezar?

Preces espontâneas.

4º degrau: contemplação

Por meio da contemplação, nós participamos do ser mais profundo de Deus. Pare, faça silêncio fora e dentro de você. Olhe, contemple todos estes símbolos à sua frente...

- O que Deus espera de nós?
- O que você pode oferecer a Cristo, que entregou toda a vida por você? *(Partilhar)*

V. Oração final

Para rezar juntos

Pai, a cada dia ficamos mais surpreendidos e felizes diante da imensidade de teu amor por nós. Dai-nos um coração novo para que possamos levar o teu amor às multidões famintas. Rezemos como Jesus nos ensinou: Pai nosso...

Peçamos a bênção da mãe de Deus e nossa, que com seu SIM à proposta de Deus contribuiu para a entrada de Jesus na nossa história.
Canto: *Dai-nos a bênção...* (p. 268, n. 1.243).

VI. Indicações para a continuação do processo

A serem partilhadas com o introdutor ou acompanhante de cada um.

- Ler, meditar, comentar e rezar juntos no acompanhamento o texto de Lc 4,14-22.

Quarto encontro de evangelização

JESUS TROUXE A SALVAÇÃO, NÓS O PREGAMOS NUMA CRUZ

Objetivo
Refletir sobre o que Jesus fez, e sobre o que sua vida nos revela a respeito do amor de Deus.

Destaques do conteúdo deste encontro

A morte de Jesus, dolorosa, humilhante, é um sinal dos extremos a que pode chegar o amor de Deus. Jesus teve que escolher: ou voltava atrás na sua missão, ou ia até o final para levar à humanidade a mensagem salvadora do Pai. Ele escolheu o serviço por amor, até o fim. Com isso, tornou-se solidário com todos os sofrimentos humanos. Nunca mais, no meio de uma dor, poderemos dizer: Deus está longe, não sabe o que estou sofrendo. Imitar Jesus não é procurar sofrimento desnecessário, é entregar a vida sempre para a construção de um bem maior.

Preparação do ambiente

Expor uma cruz com um pano vermelho, Bíblia (que a Bíblia já esteja aberta no centro da mesa), flores e vela. Preparar cartazes com frases para relatar o que Jesus viveu na cruz:

1. *Meu DEUS, Meu DEUS por que me abandonaste? – disse Jesus no alto da cruz.*

2. *Tomai sobre vós a minha cruz, pois o meu fardo é leve e o meu peso é suave.*

3. *Vinde a mim todos vós que estais cansados e vos darei descanso.*

I. Acolhida e oração

Chegada

(Todo o grupo é recebido pelo pessoal da casa escolhida para este encontro e canta na entrada, num processo de acolhimento mútuo: Esta família será abençoada...)

Uma pessoa da casa acolhe a todos. O(A) catequista recebe o grupo com entusiasmo, motivando a atenção para o tema, que todos leem juntos. O objetivo a(o) catequista apresenta sozinha(o). Em seguida, faz uma breve memória dos encontros anteriores, usando os cartazes referentes aos encontros anteriores.

Oração

- Refrão: *Onde reina o amor...* (p. 318, n. 1.459J).
- Acendimento da vela. *(Uma pessoa da casa.)*
- Abertura do Ofício Divino. *(Conforme o tempo litúrgico e a hora.)*

II. Introdução

Jesus começou o anúncio da Boa-nova andando por toda a Galileia. Foi um início cheio de entusiasmo! Jesus não ficou parado, esperando que o povo chegasse até Ele. Ele mesmo foi até o povo, em suas reuniões nas sinagogas (locais religiosos dos judeus), para anunciar a sua mensagem. Jesus percorreu aldeias, povoados, cidades e visitou as comunidades.

Jesus queria que todos descobrissem a Boa-nova do Reino de Deus, pois a semente do Reino já estava lá, no meio do povo (Lc 17,20-21). Sua missão havia sido preparada pela longa caminhada do povo judeu, na sua aliança com Deus. Mas muitos não reconheceram que Ele vinha para dar uma vida nova a essa aliança, convidando para construir plenamente o Reino de Deus. Muita gente, sem saber, já vivia o espírito do Reino. Jesus chegou e, com seu ensinamento e sua vida, revelou o Reino presente. A palavra e os gestos de Jesus atravessaram os séculos.

E nós estamos hoje aqui desejosos de participarmos melhor do seu reino de amor, vida e paz.

> **Para rezar juntos**
> Pai, o nosso mundo anda tão carente dos valores do Reino que teu Filho Jesus nos trouxe. Dá-nos força para fazê-lo acontecer em nossas famílias e em nossas comunidades.

III. Olhando a vida

O crucifixo está em todo canto: nas casas, nas salas de aula, nos comércios, nas igrejas etc. Até mesmo nas repartições públicas, sentados debaixo da imagem do crucifixo, os juízes pronunciam suas sentenças. Será que basta exibir a cruz? Será que temos sempre consciência do que ela significa? Estamos tão habituados a ver a cruz de Jesus em todo canto, que já não nos damos conta de que a morte na cruz era só para marginais.

Sexta-feira Santa, muita gente vai à procissão; algo nos atrai.

- O que faz todo o povo acompanhar Jesus nessa procissão?
- E você, o que o leva a participar dessa procissão?
- O que será que leva o povo a participar de algo assim?
- O que sabemos sobre o que aconteceu naquele dia que está sendo relembrado na Semana Santa? *(momento para partilhar.)*

Ser crucificado era como ter a mesma morte de um marginal, que é preso e baleado durante a noite, e tem seu corpo jogado na rua, exposto à zombaria e às aves de rapina.

Fiquemos por um momento em silêncio, diante dessa morte de Jesus, e diante da morte de tantos outros... Escutemos Jesus Cristo nos dizer: Era Eu, era Eu...

> **Para rezar juntos**
> Jesus, nós agradecemos por tua morte na cruz, que é a maior prova de amor por nós. Ela é o sinal de tudo que Deus é capaz de fazer pela nossa salvação. Ajuda-nos, Senhor, a viver a nossa missão como cumpriste a tua, contemplando teu exemplo, com humildade, coragem e muito amor.

Canto: *Seu Nome é Jesus Cristo* (p. 304, n. 1.397).

IV. Olhando a Bíblia

Aclamação à Palavra: *Eu vim para escutar* (p. 127, n. 541).
Proclamação da Palavra: Mc 15,33-41.

O texto descreve a morte de Jesus. Vamos escutá-lo/lê-lo como se fosse pela primeira vez.
(Momento de silêncio para interiorizar a Palavra.)

Vamos pensar bem no que ouvimos, respondendo às seguintes perguntas:

- Descobrir a Palavra de Deus na vida.
  - Que nós temos a ver com esse crucificado?
- O que mais nos chamou a atenção neste texto? Por quê?
- Quais os fenômenos da natureza que acompanham a morte de Jesus e o que eles significam?
- Como nós descreveríamos a emoção que um fato assim poderia provocar?
- Jesus clama, como um abandonado. Já nos sentimos assim? Achamos que Ele é capaz de ser solidário conosco quando nos sentimos abandonados?
- Algumas pessoas ainda zombam do sofrimento dele, em vez de se comover. Como fica a vida quando as pessoas agem assim?

Pré-catecumenato

- Os discípulos estão longe, mas um soldado romano reconhece Jesus como Filho de Deus, mesmo antes da ressurreição. Os romanos eram o inimigo, eles é que estavam crucificando Jesus. Mas um deles conseguiu perceber a mensagem. O que significa isso? Ele é um pagão que teria algo a ensinar aos cristãos? Você já aprendeu alguma coisa sobre Jesus com alguém que não é cristão? Conte e comente.
- Jesus morreu abandonado, traído e excluído. Quem morre hoje como Jesus? Sou capaz de reconhecer Jesus nessas pessoas?
- Um grupo de mulheres continuou ao pé da cruz e não fugiu. O que essa atitude nos comunica?

Compromisso diante de Jesus crucificado

Vamos pensar em algo de concreto para colocar este Evangelho em nossa vida. Jesus crucificado estará nos pedindo algo a respeito daqueles que se sentem desamparados?

V. Oração final

- Rezar o Sl 22(21) – usado por Jesus no meio do sofrimento da cruz (Meu Deus, meu Deus, por que me abandonaste?).
- Rezar um Pai-nosso.
- Rezar uma Ave-Maria, lembrando-se de todas as mães que sofrem quando seus filhos são maltratados.

Bênção

Deus nos abençoe pela cruz de Jesus Cristo, em nome do Pai, do Filho e do Espírito Santo. Amém.

VI. Indicações para a continuação do processo

A serem partilhadas com o introdutor ou acompanhante de cada um.

- Ler o texto de Mc 15,33-41, refletir e meditar com o acompanhante. Guardar no coração um versículo.

Quinto encontro de evangelização

O PAI RESSUSCITOU JESUS NA FORÇA DO ESPÍRITO SANTO

Objetivo
Anunciar a ressurreição de Jesus, convidando cada pessoa que está fazendo o caminho da Iniciação à Vida Cristã a experimentar a presença dele.

Destaques do conteúdo deste encontro
A ressurreição é grande fonte de esperança na vitória final do bem. Podemos dizer, no meio de qualquer desgraça: Nem tudo está perdido porque Deus é o condutor da história! Essa ressurreição nos acena com o encontro que um dia vamos ter com nossos entes queridos que se foram. O texto do Evangelho fala de sinais que todos os que creem devem poder fazer: não são milagres, no sentido de violação das leis normais da natureza. São símbolos do bem que somos chamados a realizar e dos males que Deus nos convida a vencer; são sinais de fé na vitória da vida.

Preparação do ambiente
Uma cruz com um pano branco, rosas, galho vivo. Cartaz: O SENHOR RESSUSCITOU! ALELUIA! Como de costume, devem estar expostos os símbolos Bíblia e vela.

I. Acolhida e oração

Chegada
(Todo o grupo é recebido pelo pessoal da casa escolhida para este encontro e canta na entrada, num processo de acolhimento mútuo: Esta família será abençoada... *Uma pessoa da casa acolhe a todos.)*

Pré-catecumenato

O(A) catequista recebe o grupo com entusiasmo, motivando a atenção para o tema, que todos leem juntos. O objetivo a(o) catequista apresenta sozinha(o). Em seguida faz uma breve memória dos encontros anteriores, usando os cartazes referentes aos encontros passados.

Oração

- Refrão: *A nós descei, Divina Luz* (p. 92, n. 353).
- Acendimento da vela. *(A pessoa da casa.)*
- Abertura do Ofício Divino *(Ofício da tarde de Domingo de Páscoa.)*

Canto: *Eu creio num mundo novo* (p. 85, n. 316).

II. Introdução

Depois da morte de Jesus, os discípulos saem de Jerusalém (Lc 24,13) e se dispersam (Mc 14,27); fogem (Mc 14,50); têm medo (Jo 20,19); já não conseguem crer nas pessoas (Lc 24,11): morreu neles a esperança. "Nós esperávamos... mas..." (Lc 24,21). Apesar de vivos, estão mais mortos que o próprio Jesus! Ora, a experiência da ressurreição foi como um raio num céu estrelado, como um tremor de terra (Mt 28,2-3). A ressurreição de Jesus devolveu a esperança. Eles mesmos ressuscitaram! Reencontraram o sentido da vida. Podemos comparar o "antes" e o "depois" da ressurreição. Os discípulos eram pessoas que, às vezes, nem entendiam direito o que Jesus ensinava; não foram capazes de acompanhar seu Mestre na hora do perigo. Mas, depois da ressurreição se tornaram proclamadores da Boa-nova, enfrentando muitos perigos, expondo-se até ao martírio, e assim conseguiram realizar o grande milagre de transformar os ensinamentos de Jesus numa mensagem que veio a se espalhar pelo mundo inteiro.

Quais os sinais de ressurreição presentes em nossa vida e nos símbolos que trouxemos?

Canto: *Cristo, nossa Páscoa* (p. 86, n. 323).

III. Olhando a vida

Neste tempo de evangelização não é hora de se preocupar se todos sabem rezar de cor a oração do Creio. Vamos rezar pausadamente para que todos repitam. Depois o(a) catequista dirá e todos repetirão os seguintes artigos do creio:

- Creio em Jesus Cristo, seu único Filho, Nosso Senhor.
- Ressuscitou ao terceiro dia.
- Subiu aos céus.
- Creio no Espírito Santo.
- Na Santa Igreja Católica.
- Na comunhão dos santos.
- Na remissão dos pecados.
- Na ressurreição da carne.
- E na vida eterna. Amém.

Rezando o Creio e repetindo estes artigos, tocamos nas raízes mais profundas de nossa fé em Deus, que é vivo e se revela concretamente em nossa história, profundamente marcada pelas fragilidades de uma humanidade tão ferida pelo pecado.

Neste encontro vamos perceber que o Pai ressuscitou Jesus na força do Espírito Santo. Isto nos dá a garantia da qualidade do caminho que o ressuscitado, através de sua Igreja, abre diante dos adultos que são chamados a segui-lo. O sim e a disponibilidade de cada um irão proclamar na realidade concreta em que vivem neste país, neste Estado e município, a vitória do amor e da vida.

Para muita gente, "crer na ressurreição" significa "crer que vai ter céu depois da morte". Para outros é "crer que vão poder reencarnar".

Para conversar

1. E para você, o que significa "crer na ressurreição"? Essa fé tem influência no dia a dia de sua vida? Como?

2. Você acha que existem sinais de ressurreição no mundo de hoje? Existem sinais de ressurreição na sua cidade? E na comunidade? Quais?

3. Muita gente vive procurando milagres sensacionais, mas há coisas muito grandiosas que as pessoas são capazes de fazer quando creem em Deus e não se acomodam. Essas pessoas nos dão sinais da confiança na força da vida. Temos exemplos desse tipo para contar?

4. Ressurreição e reencarnação são a mesma coisa?

5. O que significa ressuscitar?

É receber de Deus Pai o mesmo dom que Jesus recebeu: vencer a morte, que é o salário do pecado, com a vitória da vida eterna. Logo, a ressurreição é dom de Deus em Jesus Cristo nosso Salvador. Vamos confirmar na Palavra de Deus e ler Cl 2,12 e Ef 2,5.

6. O que significa reencarnar?

Na doutrina do espiritismo, a morte é o fim de uma etapa. Depois disso, a pessoa se torna um espírito de luz ou reencarna, assumindo outro corpo por meio do qual vai pagar pelos erros passados. Isto vai acontecer até que se torne um espírito de luz. Conclusão: segundo o espiritismo, nós somos os responsáveis por nossa salvação. Isso significa a negação de Jesus como Filho de Deus nosso Salvador. Aliás, para o espiritismo, Jesus é apenas um grande espírito de luz, assim como Allan Kardec e outros.

Nós que nascemos na Igreja Católica, se queremos viver como cristãos católicos, precisamos conhecer e sermos fiéis à doutrina que Jesus Cristo ensinou aos seus apóstolos e discípulos. Essa foi guardada como um tesouro pela Igreja, que a transmitiu e transmite de geração em geração.

Em uma de suas cartas, São Paulo afirma: "Fica claro que nós morremos uma só vez. Em seguida virá o julgamento diante de Deus". Outra passagem, que esclarece ainda mais, está em Lc 23,42-43 *(ler)* quando Jesus fala ao ladrão arrependido "hoje mesmo estarás comigo no Paraíso", está afirmando que só morremos uma única vez. E mais ainda, Ele é o nosso único salvador.

IV. Olhando a Bíblia

Aclamação à Palavra: *Tua Palavra é lâmpada para meus pés...* (p. 149, n. 662).

Proclamação da Palavra: Mc 16,9-20.

O texto de hoje faz um resumo das aparições de Jesus e traz as últimas palavras dele, registradas por Marcos, como uma espécie de envio à missão.

- Fazer uma segunda leitura partilhada ou em forma de jogral.
- Experimentar um momento de silêncio para deixar a Palavra de Deus penetrar no coração.

Vamos refletir bem, respondendo às seguintes perguntas:

- O que mais chamou sua atenção no texto? Por quê?
- A quem Jesus aparece? O que significa crer na ressurreição para essas pessoas?
- Qual a última ordem de Jesus?

Há dois elementos no texto que chamam a nossa atenção:

Primeiro: o anúncio mais importante de toda a história humana foi feito por Maria Madalena, mas houve dificuldade em crer no que ela dizia.

Segundo: a presença de Jesus agora deve estar visível nas ações dos cristãos.

Ligar o texto com a vida

- Foi por meio de uma mulher que primeiro levou a boa notícia da ressurreição aos homens. Os homens não acreditaram. Depois vieram outras duas testemunhas, que também não conseguiram convencer os outros. Aqui no nosso bairro, quem leva a Boa-nova para frente? Como são vistos pela comunidade?
- Jesus promete sinais que acompanharão o anúncio da Boa-nova.

Vejamos como esses sinais podem ser vivenciados atualmente por todo cristão:

- Expulsar demônios – temos que tirar de nossa vida o que for errado, injusto, prejudicial ao nosso bem e ao bem comum.
- Falar novas línguas – precisamos entender os outros, "falar a língua" dos pobres, dos injustiçados, dos que se sentem incompreendidos.

- Deixar serpentes e venenos sem efeito – embora estejamos cercados de perigos, propagandas nocivas e tentações (venenos), com a força da fé saberemos continuar firmes na opção pelo bem.
- Impor as mãos e curar doentes – estar a serviço dos que sofrem, consolando, lutando por boa assistência, restaurando a autoestima dos que se sentem desvalorizados.

Se todos os cristãos fizerem isso, estarão dando um poderoso testemunho do Evangelho e da fé na ressurreição por intermédio de sua própria vida.

- Quais os fatos que nós, em nossa cidade, na paróquia, podemos apresentar como sinais de ressurreição?
- Jesus ajudava os primeiros cristãos; por isso, eles tinham coragem. Também hoje Ele nos ajuda e está no meio de nós. Como você vive esta presença de Jesus?

Compromisso

O que vamos fazer de concreto para colocar este Evangelho em nossa vida?

V. Oração final

Pai nosso...

Deus de bondade, que devolve a vida ao Filho Jesus, fortaleça com a força do Espírito Santo cada um dos teus filhos e filhas que querem percorrer este caminho de conversão em suas vidas. Por Cristo nosso Senhor. Amém.

VI. Indicações para a continuação do processo

A serem partilhadas com o acompanhante do grupo ou o acompanhante de cada um.

- Leia com seu acompanhado o texto Mc 16,9-20. Medite, ore e partilhe com seu acompanhante.

Sexto encontro de evangelização

O PAI E O FILHO ENVIARAM O ESPÍRITO SANTO PROMETIDO

Objetivo

Refletir e estimular a fé na força do Espírito Santo, que nos ajuda a construir a comunidade como um espaço para a vivência do Evangelho, testemunhado com amor fraterno.

Destaques do conteúdo deste encontro

O Espírito Santo é uma presença constante na vida da Igreja e na vida pessoal dos cristãos. Cada um de nós é templo do Espírito Santo (e por isso pode e deve ser sinal de Deus para outros). Ele é livre, sopra onde quer, e deve ser reconhecido quando algo se mostra fonte de um bem maior. Está presente mesmo entre os que não creem, mas desejam fazer o bem. Nos primeiros tempos, a Bíblia nos mostra sinais especiais da presença do Espírito, com ações necessárias para fortalecer o cristianismo nascente. Hoje a humanidade precisa de outros sinais que tornem possível ao mundo crer em nossa proclamação missionária. O maior desses sinais é a caridade, vivida a partir de comunidades solidárias e fraternas.

Preparação do ambiente

Desenho de uma pomba branca; símbolos que lembram as formas com que o Espírito Santo se manifesta na Bíblia, como o vento que sopra onde quer, línguas de fogo descidas sobre os apóstolos, Bíblia, vela e flores.

I. Acolhida e oração

Chegada

(Todo o grupo é recebido pelo pessoal da casa escolhida para este encontro e canta na entrada, num processo de acolhimento mútuo: Esta família será abençoada...).

Uma pessoa da casa acolhe a todos.

O(A) catequista recebe o grupo com entusiasmo, motivando a atenção para o tema, que todos leem juntos. O objetivo a(o) catequista apresenta sozinha(o). Em seguida, faz um breve relato dos encontros anteriores, usando os cartazes referentes aos encontros passados.

Oração

Refrão: *Onde reina o amor* (p. 318, n. 1.459J).

Abertura do Ofício Divino (*Novena de Pentecostes, conforme o tempo litúrgico e a hora.*)

Há mudanças em nossa vida a partir da fé na ressurreição de Jesus? (*Momento para partilhar, comentar.*)

Canto: *Vem, vem, vem, Espírito Santo* (p. 93, n. 354).

II. Introdução

O Espírito Santo costuma ser representado por meio dos dois símbolos que indicam sua presença na Bíblia: a pomba (que aparece no Batismo de Jesus, como sinal de que o Espírito estará com Ele em todo o decorrer da sua missão) e as línguas de fogo (que pousaram sobre os apóstolos, como sinal do ardor missionário que os acompanharia sempre). Vida no Espírito não é só possuir dons extraordinários, saber tudo sobre religião ou ser agente de pastoral muito ocupado. A vida no Espírito é a vivência do amor fraterno, tal como Jesus ensinou (Jo 15,12). É colaborar com a ação dele em nós, na comunidade e no mundo. Todo aquele que ama a Deus e aos irmãos está vivendo no Espírito. Esse não é um "privilégio" dos cristãos. Quem ama concretamente os outros está sendo movido pelo Espírito Santo de Deus, que habita nos corações de todos os povos (Rm 8,14)[8].

O amor fraterno é a essência do Reino que Jesus veio edificar no meio de nós. Para vivê-lo, as comunidades cristãs precisam deixar-se conduzir pelo Espírito Santo, que derrama sobre os apóstolos e discípulos do Mestre os seus dons, que permitem colher preciosos frutos. Deixemos que o Apóstolo Paulo nos ajude a refletir sobre os frutos do Espírito.

- Vamos abrir nossas bíblias em Gl 5,22-23, lendo e meditando juntos. *(O(A) catequista aguarda alguns minutos e prossegue.)* Mas, o apóstolo também nos alerta sobre os frutos do mal.
- Vamos continuar lendo juntos, meditando e comentando Gl 5,19-21.

Canto: *Vem, Espírito Santo, vem, vem iluminar* (p. 93, n. 356).

III. Olhando a vida

O importante em nossa vida não é ter recebido uma vez o Espírito Santo, mas viver de uma vez para sempre os seus dons e frutos em nossa vida diária. Concretamente, como podemos viver conforme os frutos do Espírito Santo?

- Os(As) acompanhantes refletem junto com os adultos que acompanham. Após alguns minutos ouve alguns e prossegue partilhando:
  - Em sua vida diária você percebe mais a presença dos frutos do Espírito ou dos frutos do mal?
  - Neste momento do caminho não será uma boa oportunidade para fazer uma escolha? Qual é a sua opção?

---

[8] Na preparação deste encontro, que toda a equipe do catecumenato estude na Constituição *Gaudium et Spes* o n. 22.

- Fazer um compromisso concreto de vida, como resposta ao que o Espírito Santo inspira na vida de cada um. Sendo fiéis ao chamado do Espírito estaremos mais preparados para:
  - Animar e fortalecer a vida em comunidade.
  - Compreender cada vez melhor tudo que Jesus disse e fez.
  - Gerar a unidade na diversidade.
  - Abrir os olhos diante da realidade atual, e agir como quem tem fome e sede de justiça (Mt 5,6-10).

IV. Olhando a Bíblia

Aclamação à Palavra: *A nós descei, Divina Luz* (p. 94, n. 361).
Proclamação da Palavra: At 2,1-13.

1º degrau: ler
- Fazer uma leitura bem pausada, para que todos possam assimilar bem.

Após a leitura cada um lê em silêncio, assinalando os versículos que mais lhe chamaram a atenção. No final podem repeti-los. O que diz o texto? O que mais chamou a atenção neste texto?

2º degrau: meditação
O que esta Palavra quer dizer a vocês?

3º degrau: oração
Este degrau nos leva a rezar. Por quem você sente necessidade de rezar?

4º degrau: contemplação
Por meio da contemplação, nós participamos do ser mais profundo de Deus. Pare, faça silêncio fora e dentro de você. Olhe, contemple todos estes símbolos à sua frente...

- O que Deus espera de nós?
- Quais as novas atitudes que nos dão a identidade de seguidores e seguidoras de Jesus e falam a nova linguagem do amor?

Os primeiros cristãos viviam de maneira extraordinária porque ajudavam uns aos outros (At 2,42-47). No Antigo Testamento, o povo celebrava a Festa de Pentecostes, 7 semanas após a Páscoa Judaica. Para essa festa, todos eram convidados: escravos, imigrantes, levitas, órfãos e viúvas (Dt 16,11). Na época de Jesus, o Pentecostes era considerado também o Dia da Promulgação da Aliança no Monte Sinai. A aliança era o sinal da unidade do povo hebreu em torno de Javé, o Deus Libertador.

Para os cristãos, Pentecostes é o marco da Nova Aliança em Jesus. Os discípulos de Jesus estavam reunidos em oração, em Jerusalém, na mesma sala onde tinham celebrado a ceia com Jesus. Ele lhes havia prometido o Espírito Santo, a força divina que iria sustentá-los na missão.

V. Oração final

- Preces espontâneas. *(Podem ser partilhadas as preces que foram realizadas na leitura orante.)*
- Pai-nosso.
- Rezar uma Ave-Maria, relembrando a ação do Espírito Santo na gestação de Jesus (Lc 1,35).

Deus Pai Criador, enviai sobre seus filhos e filhas o Espírito Santo prometido para que, inspirados na Palavra de Jesus, aos poucos, tornem-se seguidores e fiéis discípulos dele. Nós te pedimos em nome dele, na unidade do Espírito Santo. Amém.

Abraço fraternal da paz, desejando a cada um a força do Espírito Santo na caminhada.

VI. Indicações para a continuação do processo

A serem partilhadas com o acompanhante de cada um.
- At 2,1-13

Sétimo encontro de evangelização

CHAMADOS A DESCOBRIR O NOSSO ESPAÇO NA IGREJA

Objetivo
Despertar o amor pela Igreja e o interesse em descobrir o seu lugar na comunidade cristã.

Destaques do conteúdo deste encontro

A Igreja sinaliza para o mundo a mensagem cristã e nos ajuda a construir nossa identidade de discípulos de Jesus. Ela existe para que o mundo possa se transformar na direção dos valores do Reino. Assim, deve ser solidária com todos os problemas humanos, como foi definido no começo da Constituição *Gaudium et Spes*, do Concílio Vaticano II. *As alegrias e as esperanças, as tristezas e as angústias dos homens de hoje, sobretudo dos pobres e de todos aqueles que sofrem, são também as alegrias e as esperanças, as tristezas e as angústias dos discípulos de Cristo; e não há realidade alguma, verdadeiramente humana, que não encontre eco no seu coração. [...] A Igreja sente-se real e intimamente ligada ao gênero humano e à sua história.*

Preparação do ambiente

Colocar no espaço: planta, bacia com água, retrato de uma igreja (comunidade, não apenas o prédio), Bíblia, vela, flores, cartaz com o tema.

I. Acolhida e oração

Chegada
(Todo o grupo é recebido pelo pessoal da casa escolhida para este encontro e canta na entrada, num processo de acolhimento mútuo: Esta família será abençoada...*)*

O(A) catequista acolhe o grupo e convida a todos a se saudarem com amor fraterno. Podem cantar um refrão: oi, que prazer, que alegria... O(A) catequista motiva a atenção para o tema, que todos leem juntos. O objetivo a(o) catequista apresenta sozinha(o). Em seguida faz a memória dos encontros anteriores.

Oração
Refrão: *Vem, vem, vem. Vem, Espírito Santo de amor* (p. 93, n. 354).
   Abertura do Ofício Divino. *(Conforme a hora e o tempo litúrgico.)*

Trazendo a vida para a oração
Partilhar quais foram as primeiras experiências na igreja, conversando sobre: Onde foi? Quem os levava à Igreja? Que recordações ficaram? As suas famílias foram sempre fiéis à sua Igreja? Em algum tempo foram a outras Igrejas Cristãs? Como vocês acham que deve ser a Igreja para que ela possa ser um sinal eficiente do Evangelho?
Canto: *Tu te abeiraste da praia* (p. 133, n. 578).

II. Introdução

No Dia de Pentecostes o Espírito Santo prometido por Jesus veio sobre Maria e os apóstolos. Ali nasceu a Igreja, como já foi falado. Formamos a grande família dos irmãos e das irmãs de Jesus, e nesta noite vamos rezar por nossa comunidade, a Igreja, e sentir como é bom viver como irmãos.
Repetir o refrão do canto: *Tu te abeiraste da praia* (p. 133, n. 578).

Para rezar juntos

Rezar uma dezena do terço pensando na comunidade. Maria gerou Jesus no seu corpo, e a Igreja gera Jesus para o mundo hoje por intermédio da sua missão evangelizadora. O exemplo da mãe de Jesus, fiel seguidora dos apelos de Deus, é uma imagem do que a Igreja deve ser.

Neste momento vamos ouvir de um(a) colega catequista como a nossa paróquia está organizada.

Canto: *Pelas estradas da vida* (p. 259, n. 1.199).

O Pai quer que todos nós, reunidos na comunidade que seu Filho nos deixou, entreguemos nossas vidas a Ele. Por isso, o Pai nos faz renascer pela água e pelo Espírito, por meio do Sacramento do Batismo. Por intermédio dessa grande graça que recebemos Ele restaura em nós a sua imagem e semelhança, aquela que perdemos pelo pecado.

Canto: *Ó Pai, somos nós o povo eleito* (p. 144, n. 635).

III. Olhando a vida

Jesus passou pela vida fazendo o bem, de acordo com as necessidades de seu tempo: curava doentes, valorizava os pobres, dava novas oportunidades aos pecadores que queriam melhorar, proclamava as necessidades da justiça, educava para a paz através do estímulo ao perdão, dialogava com os que não pertenciam à sua tradição religiosa, convidava cada um a ser operário da construção do Reino de Deus. A Igreja deve continuar hoje esse trabalho.

Que necessidades do mundo atual precisam da atenção e do trabalho da Igreja? Como a Igreja ajudaria, ou pode ajudar, a curar os males do mundo, na vida de cada um e da sociedade de hoje? Como se construiria, ou é possível construir, a paz (nas famílias, nas relações de trabalho, na sociedade, entre as nações) a partir da mensagem que a Igreja deve comunicar ao mundo?

- Como deve se comportar a Igreja diante dos que não fazem parte dela?

IV. Olhando a Bíblia

Aclamação à Palavra: *É como a chuva que lava...* (p. 126, n. 540).
Proclamação da Palavra: At 2,42-47.

Vamos conhecer por meio da Palavra de Deus como viviam os primeiros cristãos.

Realizar a leitura orante, organizando-se em quatro grupos. Cada grupo se encarrega de um degrau. No final, faremos um plenário para ouvir o relato de cada grupo. É importante que o degrau da oração seja no final deste encontro, partilhado em forma de prece.

Após a exposição dos grupos o(a) catequista nos ajudará com o 4º degrau (contemplação), fazendo alguns destaques, para enriquecer a nossa experiência orante, a partir do texto bíblico:

- Quatro elementos aparecem como característica das comunidades apostólicas:
- Perseverança no ensinamento.
- Comunhão fraterna.
- União na fração do pão (tanto do pão da Eucaristia como do pão como símbolo das necessidades humanas básicas).
- Oração.

Como esses elementos se desenvolvem na Igreja de hoje? Continuam sendo importantes? Por quê?

- Tinham alegria e simplicidade de coração.

Essas características fazem parte da ação missionária? São atraentes? Por quê?

- Eram estimados pelo povo, ou seja, os de fora achavam admirável o modo de vida da comunidade? Não se consegue isso só com a frequência a um templo. O que os de fora precisam ver na Igreja para perceber melhor o valor que ela tem?

- O número de seguidores de Jesus crescia por causa da ação admirável da comunidade, alimentada pela graça de Deus. Como seremos, hoje, multiplicadores de cristãos?

A contemplação também deve levar-nos a atitudes completas.

Após refletir sobre o comportamento das primeiras comunidades, em Atos dos Apóstolos, sobre o modelo da comunidade cristã, que compromisso precisamos fazer com a nossa Igreja? *(momento de partilha).*

V. Oração final

Três adultos rezam a oração que fizeram na leitura orante.

- Pai-nosso.
- Ave-Maria, apresentando Maria, em sua função de mãe, como modelo do comportamento materno que a Igreja precisa ter.

Oração

Despertai em nós, ó Deus, o amor e a fidelidade com o Reino que teu Filho veio anunciar servindo os nossos irmãos e irmãs em nossa Igreja. Por Cristo Nosso Senhor. Amém.

VI. Indicações para a continuação do processo

A serem partilhadas com o acompanhante de cada um.

- Refletir com o seu acompanhante a partir de At 3,1-10; 4,32-35; 5,12-16.
- Partilhe: diante destes modelos ideais da comunidade cristã, como você vê a nossa paróquia?

Oitavo encontro de evangelização

DUAS ATITUDES MARCAM A VIDA DOS ADULTOS: A FÉ E A CONVERSÃO

Objetivo
Despertar a consciência de que a fé é um dom de Deus, que precisa ser alimentado.

Destaques do conteúdo deste encontro

Tornar-se cristão não é apenas frequentar a igreja e aprender coisas sobre Jesus. Mais do que "saber", o importante é viver de modo coerente com o Evangelho. Isso significa, muitas vezes, abandonar comportamentos que eram costumeiros, contrariar práticas que a sociedade aprova, cultivar novas maneiras de exercer o perdão, a generosidade, a honestidade, a solidariedade. Não dá para ser cristão só de nome, ou "não praticante", como muitos se intitulam. Fé, conversão e espiritualidade marcam uma identidade diferente, que vai ter reflexos em tudo o que fazemos. É por isso que estamos promovendo um processo de Iniciação à Vida Cristã.

Preparação do ambiente
Bíblia, vela, flores.

I. Acolhida e oração

Chegada
(Todo o grupo é recebido pelo pessoal da casa escolhida para este encontro e canta na entrada, num processo de acolhimento mútuo: Esta família será abençoada...)

Uma pessoa da casa acolhe a todos.

O(A) catequista recebe o grupo com entusiasmo, motivando atenção para o tema, que todos leem juntos. O objetivo a(o) catequista apresenta sozinha(o). Em seguida, faz uma breve memória dos encontros anteriores, usando os cartazes referente aos encontros passados.

Oração
Refrão: *Ó luz do Senhor...* (p. 37, n. 104).

Acendimento da vela. *(A pessoa da casa.)*

Abertura do Ofício Divino. *(Conforme o tempo litúrgico e a hora.)*

II. Introdução

O Evangelho nos mostra pessoas que se transformaram depois de entrar em contato com Jesus. Pescadores se tornaram apóstolos (pescadores de homens), Maria Madalena se libertou de tudo o que atrapalhava sua vida, a samaritana se transformou em anunciadora de Jesus, Zaqueu não só deixou de roubar, como passou a partilhar o que tinha com os pobres. Depois da ressurreição, Jesus continuou transformando pessoas, como fez com Paulo, que passou de perseguidor de cristãos a divulgador incansável do Evangelho. Encontrar Jesus não é um relacionamento qualquer, é um momento de decisão.

Canto: *Me chamaste pra caminhar* (p. 132, n. 571).

III. Olhando a vida

Ainda hoje, muitos encontros transformam vidas. São exemplos que nos animam, em vários campos de atividade (no trabalho, no estudo, no serviço social, na família, e também na fé).

Recordar as pessoas que foram os primeiros exemplos de fé na vida dos que fazem o caminho da Iniciação à Vida Cristã.

Vamos ouvir do(a) catequista as experiências importantes e transformadoras, as situações e pessoas que o(a) ajudaram a formar sua personalidade e sua espiritualidade. Depois, cada um é convidado(a) a partilhar a partir das seguintes perguntas:

- A fé que você recebeu como dom de Deus ajuda a viver com mais esperança, enfrentando as dificuldades da vida?
- Os acompanhantes têm ajudado vocês a crescerem na fé? Como?

Trazendo a Bíblia para a vida

Já ouve algum momento em sua vida, antes de participar da catequese, em que você se preocupou com a sua fé e a sua conversão?

(Tempo para partilhar com os acompanhantes e, logo em seguida, alguns partilham no grupo.)

IV. Olhando a Bíblia

Cantar, pedindo que o Espírito Santo esteja em nossas mentes, em nosso coração, para acolhermos a Palavra de Deus.

Aclamação à Palavra: A Palavra de Deus vai chegando, vai... (p. 148, n. 660).

(Enquanto cantam, alguém do grupo entra trazendo a Bíblia.)

Proclamação da Palavra: Lc 19,1-10.

Vamos realizar a leitura orante e depois fazer um plenário para ouvir o relato de cada um. É importante que o degrau da oração seja no final deste encontro partilhado em forma de prece.

1º degrau: ler

Levá-los a ler uma segunda vez, com seu acompanhante, assinalando o que chamou mais a atenção. O que diz o texto? O que mais chamou a atenção neste texto? *(Ouvir a partilha de alguns.)*

2º degrau: meditação

O que Deus quer falar conosco nesta sua Palavra? *(Ouvir alguns que desejam partilhar.)*

Imaginemos como passou a ser a vida de Zaqueu depois desse encontro. Que sinais de mudança seriam notados por sua família, pelos vizinhos, pelos colegas de trabalho?

3º degrau: oração
O que vamos falar com Deus a partir destas reflexões?
Cada um(uma) faz a sua oração, que poderá ser escrita.

4º degrau: contemplação
Catequista: Vamos silenciar e contemplar em nosso interior a grandeza do dom da fé.

No Evangelho de Marcos é relatado o que Jesus diz: "Convertei-vos e crede no Evangelho".

- O que você entendeu desta Palavra de Jesus?

Não foi só Zaqueu que mudou de vida ao encontrar Jesus. Outras mudanças de vida estão relatadas nos evangelhos. Por exemplo:
- Os apóstolos mudaram de atividade (Mt 4,19).
- Os que eram curados o acompanhavam (Mt 4,25; 20,34; Lc 18,43).
- O coletor de impostos virou apóstolo (Mt 9,9).
- A pecadora que teve seus pecados perdoados (Lc 7,47).
- Maria Madalena (Lc 8,1-3).
- A samaritana (Jo 4,39).
- O funcionário do rei que teve seu filho curado (Jo 4,53).
- E temos ainda a radical transformação da vida de Paulo, que perseguia os cristãos e passou por muitas dificuldades quando decidiu ser, ele mesmo, um evangelizador.
- Quais os caminhos de conversão que devemos buscar para um concreto amadurecimento da fé?

A fé e a conversão caminham juntas e devem ter uma manifestação exterior, isto é, por meio de nosso testemunho de vida. Neste clima de fé e conversão, vamos terminar, fazendo preces do coração. A cada prece, rezaremos ou cantaremos: Creio, Senhor, mas aumentai a minha fé. *(As orações serão as da leitura orante.)*

Pode-se rezar uma dezena do terço ou cantar Maria de Nazaré, pedindo a Maria, que teve toda a sua vida transformada a partir do SIM que deu à proposta de Deus, que nos ajude a ser fiéis no caminho da fé, a nos decidirmos de fato pelo seguimento da vontade de Deus.

V. Oração final

Concluir o encontro cantando: *Eis o tempo de conversão*. A mensagem que as palavras deste belo canto nos traz continua nos levando a aprofundar nesta oitava evangelização: o dom da fé recebido no batismo é a condição de vida para todo cristão. Porém, precisamos lembrar que este dom exige de nós uma constante conversão. Façamos deste canto nossa oração final.

Canto: *Eis o tempo de conversão* (p. 45, n. 146).

> **Bênção**
>
> Ó Deus, enviai o Espírito de sabedoria e perseverança sobre cada um dos teus filhos e filhas que estão neste caminho para que, na fidelidade e perseverança, possam amadurecer a fé e mergulharem suas vidas em uma sincera conversão. Nós te pedimos por Jesus Cristo, teu Filho amado, na unidade do Espírito Santo. Amém.

> **Importante**
>
> Combinar o nono encontro.
>
> Dia e local – alimentos não perecíveis para o gesto concreto. Combinar a partilha para a confraternização do último encontro que deverá acontecer na comunidade.

VI. Indicações para a continuação do processo

A serem partilhadas com o acompanhante de cada um.

- Ler, meditar e orar Lc 19,1-10.

Nono encontro de evangelização
BEM-AVENTURANÇAS: SÍNTESE DO CAMINHO PARA OS SEGUIDORES DE JESUS

Objetivo
Compreender as bem-aventuranças como o seguimento de Jesus, como um caminho exigente para uma felicidade maior.

Destaques do conteúdo deste encontro
Bem-aventurado significa "feliz". Jesus não vai falar da felicidade como é anunciada pela propaganda moderna. Ele chama de "felizes" os pobres no espírito, os mansos, os que trabalham pela justiça, os que têm misericórdia, os puros, os pacificadores e, por incrível que pareça, os que são capazes de chorar. Embora tudo isso tenha a devida recompensa depois da morte, aqui mesmo nesta vida, esse é o caminho para cada um se construir como uma pessoa coerente com a obra-prima que o Criador sonhou realizar em cada um de nós. Até os que choram são mais felizes do que os que estão com o coração tão endurecido e vazio, que já não se comovem com a dor do outro e a injustiça.

Preparação do ambiente
No centro do espaço do encontro: Bíblia, vela, flores. Transcrições das bem-aventuranças em faixas coloridas, formando com essas um caminho. No decorrer deste, gravuras que refletem as mensagens de cada bem-aventurança.

I. Acolhida e oração

Acolhida

O padre, os(as) catequistas e acompanhantes acolhem os jovens e adultos na porta da igreja. Eles formam uma roda e, com um aperto de mão, dizem: Vocês são felizes porque foram chamados por Jesus para construírem um caminho do novo Reino.

Neste encontro o pároco fará uma explicação sobre as bem-aventuranças. Depois o grupo seguirá para o local em que se realizará o último encontro de evangelização cantando: Essa comunidade será abençoada...

O(A) catequista recebe o grupo com entusiasmo, motivando a atenção para o tema, que todos leem juntos. O objetivo a(o) catequista apresenta sozinha(o). Em seguida, faz uma breve memória dos encontros anteriores. Ligando o objetivo aos temas de evangelização que se completam hoje.

Pode-se afirmar que os oito temas de evangelização foram como lâmpadas acesas que ajudaram cada um do grupo a enxergar o caminho para um emocionante encontro com o Deus da vida e salvação.

- A primeira lâmpada nos fez enxergar o Pai, que tudo criou por amor a nós, seus filhos e filhas.
- A segunda lâmpada colocou diante de nós a nossa condição de pecadores capazes de ser infiéis à aliança de amor com Deus, pondo em risco a felicidade que Ele deseja para nós.
- A terceira lâmpada nos fez ver o quanto é grandioso o amor deste Deus por nós, que nos envia seu Filho para nos levar de volta ao projeto que está no coração do Pai.
- A quarta lâmpada revelou até onde é capaz de ir esse amor imenso que faz o Filho não recuar, nem diante do suplício da cruz.

Refrão: *Eu creio num mundo novo* (p. 85, n. 316).

- A quinta lâmpada nos levou a contemplar o poder invencível do Pai, ressuscitando Jesus na força do Espírito Santo. Neste ponto do caminho começa crescer em nós a certeza de que mal algum poderá nos arrancar dos braços do Pai misericordioso.

Refrão: *Enviai o vosso Espírito* (p. 89, n. 337).

- A sexta lâmpada nos mergulha no Espírito Santo, prometido e enviado pelo Pai e pelo Filho.
- A sétima lâmpada nos coloca na casa da mãe Igreja, que é o corpo do ressuscitado.

Refrão: *Eis o tempo de conversão* (p. 45, n. 146).

- A oitava lâmpada do caminho nos coloca diante das duas atitudes que precisam marcar as nossas vidas daqui para frente: a fé e a conversão.

E agora estamos no alto da montanha com Jesus. Ele nos chama a contemplar toda grandeza deste caminho que percorremos, e com olhar repleto de amor e ternura nos chama com novo nome.

Oração

Canto: *A nós descei, Divina Luz* (p. 92, n. 353).

É na luz do Espírito Santo que ouvimos da boca de Jesus o nosso novo nome.

Vamos participar deste momento no nosso encontro de acordo com as seguintes etapas:

- Vamos ouvir e cantar *Eis-me aqui, Senhor*, enquanto os nove acompanhantes pegam as faixas das bem-aventuranças e as colocam em lugar visível ao grupo ficando cada um ao lado de uma das faixas.
- Cada um se dirige, com seu acompanhante, ao local da bem-aventurança...
- Motivado pelo(a) acompanhante, cada um lê e medita por dois minutos a bem-aventurança daquele grupo, procurando guardá-la no coração.

- De mãos dadas com o acompanhante, repetem-na em voz alta como uma oração ouvida da boca de Jesus.
- Todos voltam ao centro do local do encontro repetindo o refrão *Eis-me aqui, Senhor*. Dando as mãos formam uma roda, os(as) catequistas convidam a repetir a oração: Jesus, estamos muito felizes porque no final deste tempo de evangelização Tu nos revelas o nosso nome novo: somos os bem-aventurados do Reino que viestes plantar em nosso meio. Somos verdadeiramente felizes, Senhor, porque nos chamaste para participarmos do amor, da justiça e da paz, que somente em teu Reino podemos encontrar. Queremos honrar este novo nome que Tu nos dás, colocando-nos a serviço deste teu Reino, Senhor. Reveste-nos com a força do teu Santo Espírito. Glória ao Pai e ao Filho e ao Espírito Santo, como era no princípio, agora e sempre. Amém.

Canto: *O Senhor me chamou a trabalhar* (p. 143, n. 626).

II. Introdução

Jesus é o primeiro e mais perfeito bem-aventurado que o Pai enviou à humanidade para arrancá-la das trevas do pecado e da morte. Quando Ele pronunciou as bem-aventuranças, olhava especialmente para os seus apóstolos e discípulos, porque a estes Ele confiaria a missão de revelar a todos que o Pai o enviou para devolvê-los o novo nome, recuperando assim a identidade de filhos e filhas no bem-aventurado Jesus.

Podemos ouvir o eco de sua voz atravessando os séculos e fazendo chegar até nós as bem-aventuranças. Agradeçamos a Ele e abracemos este novo nome, que nos converterá em discípulos(as) mais comprometidos com o seu Reino.

III. Olhando a vida

As bem-aventuranças traduzem, em outras palavras, o plano de Deus que é, ao mesmo tempo, humano e divino. Foi pensando em nós, pessoas concretas, que Jesus apresentou este projeto de vida e felicidade, que anuncia a justiça e amor do próprio Deus.

Você, jovem e adulto, para quem o Senhor Jesus está abrindo este novo caminho de Iniciação a Vida Cristã, deseja abraçar as bem-aventuranças como seu projeto de vida?

Refrão: *Buscai primeiro o Reino de Deus* (p. 305, n. 1.402).

Vamos refletir nossas vidas à luz das bem-aventuranças, procurando identificar em cada uma um caminho de realização do potencial que nos foi dado por Deus, e não como um dever penoso que seria cumprido para ganhar uma recompensa celeste. Para isso procederemos da seguinte forma:

- Os(As) acompanhantes irão levantar as faixas com as bem-aventuranças e todos leem em voz alta: "Felizes os pobres em espírito porque deles é o Reino dos Céus".
  - É possível ser pobre e ser feliz? Como você entende isto? *(Momento de partilha.)*
  - Você considera possível e importante colocar sua vida no espírito desta bem-aventurança?

Refrão: *Buscai primeiro o Reino de Deus* (p. 305, n. 1.402).

Vamos refletir a quinta bem-aventurança: "Felizes os misericordiosos porque alcançarão misericórdia".

- O que significa ser misericordioso? Ser assim nos torna felizes? Por quê? O que precisa mudar em sua vida pessoal e familiar para viver no espírito desta bem-aventurança?

Refrão: *Estou pensando em Deus* (p. 299, n. 1.374).

IV. Olhando a Bíblia

Aclamação à Palavra: *Buscai primeiro o Reino de Deus...* (p. 305, n. 1.402).

Proclamação da Palavra: Mt 5,1-16.

(As bem-aventuranças podem ser lidas em forma de jogral. Os catecúmenos podem ler um versículo cada. O(A) catequista retoma o texto do v. 13 até o v. 16. Ou, ainda, ver a melhor forma, conforme a criatividade da comunidade.)

Refrão: *Eu quero entender melhor sua Palavra, sua palavra* (p. 127, n. 541).

Com toda riqueza e profundidade que o texto bíblico nos traz não podemos deixar de subir pela última vez, neste tempo de evangelização, os quatro degraus da leitura orante:

1º degrau: ler

O(A) catequista pede que primeiro cada um(a) leia o texto em silêncio.

Durante a leitura observe os seguintes detalhes: o lugar, as pessoas que aparecem, o personagem principal.

Em seguida, cada acompanhante, ao lado da pessoa que acompanha, faz uma segunda leitura assinalando palavras ou versos que mais chamaram a atenção. Após alguns minutos o(a) catequista pede, a quem quiser, para apresentar os destaques.

2º degrau: meditação

(Outro(a) catequista prossegue com o segundo degrau.)

O que Jesus quer falar conosco por intermédio das bem-aventuranças? Pare diante daquela que vai ajudar você a viver intensamente o novo nome que Jesus lhe dá. Medite, deixando que ela crie raízes em seu ser.

(Após alguns minutos o(a) catequista pede que alguns partilhem o que refletiram.)

3º degrau: oração

(Outro(a) catequista prossegue com o terceiro degrau.)

O que estas reflexões dos primeiros degraus nos levam a falar com Deus? Reze primeiro em seu coração. Repita a sua oração com seu(sua) acompanhante.

Na oração final, vamos sortear alguns para fazer a partilha da sua oração.

Refrão *(À escolha.)*

4º degrau: contemplação

(Outra(o) catequista prossegue com o quarto degrau.)

Na contemplação nós olhamos com o olhar de Jesus. Imaginemos

Jesus no alto da montanha contemplando a multidão que o procurava. Coloquemos nosso olhar dentro de seus olhos, para experimentar em nossos corações os mesmos sentimentos que Ele experimentou. Pensemos nas multidões de hoje que também carregam o pesado jugo da pobreza em todos os sentidos: são carentes de misericórdia e compaixão; têm sede de justiça e paz. Qual será nossa resposta concreta, diante das múltiplas necessidades de todos que o Senhor coloca em nosso caminho? *(Momento de partilha.)*

No final, cada um pense na pessoa magnífica que Deus quer ver concretizada em cada um de nós. Foi com esse objetivo que Jesus anunciou as bem-aventuranças; é por isso também que Ele quer continuar presente em nossa vida, animando-nos a fazer sempre o melhor.

Se parecer conveniente, pode ser usada esta pequena parábola:

> A professora propôs a seus alunos:
> – Quem pode citar uma coisa maravilhosa, importante, que não existia no mundo há trinta anos?
> Um menino de oito anos respondeu entusiasmado:
> – EU!

Cada um agradece a Deus a possibilidade de dar, sobre a sua vida, uma resposta semelhante. Depois o grupo é convidado a reler a parábola e, olhando para quem estiver ao lado, mudar a resposta e dizer: Você!

V. Oração final

- Sortear três pessoas para fazer a oração que fizeram no segundo degrau da leitura orante.

Maria vai ao encontro da prima Isabel, que também esperava um filho da promessa divina, o precursor. Isabel então declarou: "Bem-aventurada aquela que acreditou porque vai acontecer o que o Senhor lhe prometeu". Maria é a bem-aventurada porque acreditou em Deus, Ele quis contar com ela para o cumprimento de sua promessa de salvação. Peçamos a ela que nos inspire com seu exemplo em nossas fraquezas, a fim de sermos fiéis ao novo nome que Jesus nos transmitiu: que também nós sejamos bem-aventurados(as) porque acreditamos que, em nós e por meio de nós, Deus hoje continua cumprindo o seu plano de salvação.

Canto: *Ensina teu povo a rezar* (p. 265, n. 1.227).

> **Bênção**
> Ó Deus, em Jesus de Nazaré, teu Filho, revelaste a plenitude do teu rosto amoroso e compassivo. Derrama, pelo teu Espírito, a graça sobre nós para construir caminhos de vida e justiça, construindo, já aqui, um novo céu e uma nova terra. Por Cristo nosso Senhor. Amém.

VI. Indicações para a continuação do processo

A serem partilhadas com o acompanhante de cada um.

- Ler, meditar e rezar a partir do Evangelho de Mt 5,1-16. É possível praticar as bem-aventuranças? Escolha uma ou duas que são mais necessárias para trazer a felicidade para sua vida. Fazendo assim, você estará sendo sal da terra e luz no pequeno mundo de sua família e sua comunidade. O encontro de acompanhamento termina com um pedido da força do Espírito Santo para que cada um continue fiel neste novo caminho.

Avaliação

Se o padre estiver presente pode orientar esta breve avaliação:

1. O que foi mais importante para você neste primeiro tempo da Catequese com adultos?

2. Esses encontros ajudaram a crescer na fé e no desejo de ser Igreja?

3. Estão dispostos a perseverar no caminho da Iniciação à Vida Cristã? *(Aqueles que a resposta é sim ficam em pé.)*

4. Em seguida dirige-se aos acompanhantes: Estão dispostos a prosseguir, com amor, no acompanhamento destes irmãos?
(Pedir que deem as mãos à pessoa que cada um acompanha.)

5. Combinar a organização dos três dias para as inscrições no II tempo do Caminho da Iniciação à Vida Cristã – O Catecumenato.

6. Bênção das doações e dos alimentos da confraternização.

Orientações para a inscrição do catecumenato

A equipe de coordenação prepara no salão paroquial um ambiente bem acolhedor. Os jovens e adultos que foram considerados pela equipe do catecumenato aptos para a continuidade do caminho preenchem com seus acompanhantes as fichas de inscrição. Para isso é bom combinar o dia e a hora em que os jovens e adultos irão realizar esse ato. Aqui é indispensável a presença do acompanhante.

CATEQUESE DE INICIAÇÃO À VIDA CRISTÃ

PARÓQUIA _____
(nome da paróquia)

FICHA DE INSCRIÇÃO

Nome: _____

Data de nascimento: _____

Local: _____ Idade: _____

Pai: _____

Mãe: _____

Endereço: _____

Telefone: _____

E-mail: _____

I. Situação familiar

Solteiro(a) [ ]   Casado(a) [ ]   Divorciado(a) [ ]

Religioso(a) [ ]   Segunda união [ ]   Viúvo [ ]

Sobre o Sacramento do Matrimônio:

_____
_____
_____
_____

Filhos(as):   não [ ]   sim [ ]   quantos(as) [ ]   Idade: _____

Pré-catecumenato

II. Situação religiosa

Dos adultos na catequese

Batizados: não [ ]   sim [ ]   na Igreja Católica [ ]

Certidão de Batismo: sim [ ]   não [ ]   Igreja Evangélica [ ]

Qual?_____

Na Igreja Católica Brasileira (Icab) [ ]

Onde?_____

Foi crismado? sim [ ]   não [ ]

Onde?_____ Idade: _____

Realizou a Primeira Eucaristia?

Sim [ ]   não [ ]

Dos filhos

Batizados: não [ ]   sim [ ]   na Igreja Católica [ ]

Onde?_____

Certidão de Batismo:

Na Igreja Evangélica [ ]   Qual?_____

Na Igreja Católica Brasileira (Icab) [ ] Onde?_____

Participam da catequese: sim [ ]   não [ ]

III. Sobre o adulto

Participa da Igreja: sim [ ]   não [ ]

Participa da missa dominical?

sempre [ ]   às vezes [ ]   raramente [ ]

Participa das CEBs (círculos bíblicos)

sim [ ]   não [ ]   às vezes [ ]

Iniciação à Vivência Cristã II

Tem outro modo de participação na Igreja?

sim [ ]   não [ ]

Qual? _____
_____

A presença do(a) acompanhante está ajudando você a crescer na Fé e no Amor a DEUS e à Igreja?

sim [ ]   não [ ]   mais ou menos [ ]

Este tempo de evangelização e acompanhamento ajudou você a ter necessidade de rezar mais e melhor?   sim [ ]   não [ ]

Houve alguém que o(a) incentivou a participar da Catequese de Adultos? Quem?

_____

O que levou você a dizer sim? _____

IV. Compromissos

Jesus me chamou: "Vem e segue-me!"

Eu quero dizer SIM a este convite de Jesus! Quero conhecê-lo. Quero participar da sua Igreja, colaborando na construção de seu Reino de Amor, Justiça e Paz!

Assinaturas:

Adulto _____

Catequista _____

Acompanhante _____

(Cidade), _____ de _____ de _____ .

Quanto à celebração de entrada no catecumenato, esta virá no início do terceiro subsídio – terceiro tempo – catecumenato.

Pré-catecumenato   73

Referências

Bíblia Sagrada – Edição Pastoral. 72. impr. São Paulo: Paulus, 1990.

Diretório Nacional de Catequese. 2. ed. Brasília: CNBB, 2008 [Documento da CNBB, n. 84].

Documento de Aparecida. Brasília/São Paulo: CNBB/ Paulinas/Paulus, 2007.

KOLLING, M.; PRIM, J.L. & BECKHÄUSER, A. (orgs.). *Cantos e orações* – Para a liturgia da missa, celebrações e encontros. Petrópolis: Vozes, 2008.

RICA (Ritual de Iniciação à Vida Cristã de Adultos). 5. ed. São Paulo: Paulus, 2009.

Ofício Divino das Comunidades (ODC). 14. ed. São Paulo: Paulus, 2007.

Os autores

MARIA AUGUSTA BORGES é leiga consagrada. Natural de Araguari, MG. Formada em Teologia. Possui formação em Liturgia pela Rede Celebra e na área Bíblico-catequética. Reside na Paróquia São Domingos, Diocese de Goiás, onde assessora a Pastoral Catequética.

Pe. LEANDRO FRANCISCO PAGNUSSAT é assessor diocesano da Comissão Bíblico-catequética na Diocese de Goiás. Especializando em Pedagogia Catequética pela Pontifícia Universidade Católica de Goiás/PUC-Goiás. É pároco da Paróquia São Domingos, em Itapirapuã, Diocese de Goiás.

CULTURAL
Administração
Antropologia
Biografias
Comunicação
Dinâmicas e Jogos
Ecologia e Meio Ambiente
Educação e Pedagogia
Filosofia
História
Letras e Literatura
Obras de referência
Política
Psicologia
Saúde e Nutrição
Serviço Social e Trabalho
Sociologia

CATEQUÉTICO PASTORAL
Catequese
  Geral
  Crisma
  Primeira Eucaristia

Pastoral
  Geral
  Sacramental
  Familiar
  Social
  Ensino Religioso Escolar

TEOLÓGICO ESPIRITUAL
Biografias
Devocionários
Espiritualidade e Mística
Espiritualidade Mariana
Franciscanismo
Autoconhecimento
Liturgia
Obras de referência
Sagrada Escritura e Livros Apócrifos

Teologia
  Bíblica
  Histórica
  Prática
  Sistemática

REVISTAS
Concilium
Estudos Bíblicos
Grande Sinal
REB (Revista Eclesiástica Brasileira)
SEDOC (Serviço de Documentação)

VOZES NOBILIS
Uma linha editorial especial, com importantes autores, alto valor agregado e qualidade superior.

VOZES DE BOLSO
Obras clássicas de Ciências Humanas em formato de bolso.

PRODUTOS SAZONAIS
Folhinha do Sagrado Coração de Jesus
Calendário de Mesa do Sagrado Coração de Jesus
Agenda do Sagrado Coração de Jesus
Almanaque Santo Antônio
Agendinha
Diário Vozes
Meditações para o dia a dia
Guia Litúrgico

CADASTRE-SE
www.vozes.com.br

EDITORA VOZES LTDA.
Rua Frei Luís, 100 – Centro – Cep 25689-900 – Petrópolis, RJ – Tel.: (24) 2233-9000 – Fax: (24) 2231-4676 – E-mail: vendas@vozes.com.br

UNIDADES NO BRASIL: Aparecida, SP – Belo Horizonte, MG – Boa Vista, RR – Brasília, DF – Campinas, SP
Campos dos Goytacazes, RJ – Cuiabá, MT – Curitiba, PR – Florianópolis, SC – Fortaleza, CE – Goiânia, GO – Juiz de Fora, MG
Londrina, PR – Manaus, AM – Natal, RN – Petrópolis, RJ – Porto Alegre, RS – Recife, PE – Rio de Janeiro, RJ
Salvador, BA – São Luís, MA – São Paulo, SP
UNIDADE NO EXTERIOR: Lisboa – Portugal